WISSENSCHAFTLICHE BEITRÄGE AUS DEM TECTUM VERLAG

Reihe Sozialwissenschaften

Band 2

Altenpflege möchte demokratische Eliten

von

Stefan Oer

Tectum Verlag
Marburg 1999

Die Deutsche Bibliothek - CIP-Einheitsaufnahme

Oer, Stefan:
Altenpflege möchte demokratische Eliten
/ von Stefan Oer
- Marburg : Tectum Verlag, 1999
ISBN 3-8288- 8024-X

Tectum Verlag
Marburg 1999

Inhaltsverzeichnis

1. Einleitung

Die Analysen im Rahmen meiner Dissertation hatten u.a. gezeigt, daß chronische Krankheiten, wie Herzinfarkt und fortgeschrittene Osteoporose, die im Alter eintreten und in der Nachsorge eine individuell unterschiedliche Hilfebedürftigkeit zuweilen sogar eine Pflegebedürftigkeit verursachen konnten. Zgl. hatte sich gezeigt, daß die betreffende Lebenswelt samt Lebensentwürfen neu oder erneut reflektiert wurden und neues Wissen und Ideen vonnöten sind und **gegeben**, um den persönlichen Alltag zu organisieren. Die damalige Querschnittsanalyse mit 49 Befragten zeigten verschiedene Formen von Handlungsentwürfen, die rückwärtsgewandt waren, individuelle Erlebnisse uminterpretierten bzw. vorwärtsgewandt waren, indem eine derartige Krisensituation auch im hochbetagten Alter als "Neuland" wahrgenommen wurde. Unbeantwortet blieb die Frage danach, ob die gesamten Handlungsentwürfe zu realen Handlungen geführt haben, die Aussagen über ein individuelles Coping im Alter wirklich zulassen würden.

Meine Lehrtätigkeit an Universität und Hochschule zeigte mir, daß es für Innovationen und Impulse im Lehrbereich von Bedeutung sein mußte, die jeweiligen individuellen Erfahrungshorizonte, beispielsweise von Pflegekräften, gezielt für die Gestaltung von Lehrveranstaltungen einzubeziehen und daß es ferner wichtig sei, eine **gemeinsame** Bedeutung des Kontextes Pflege oder Sozialarbeit herzustellen, um die Kommunikation zu vereinfachen bzw. zu ermöglichen.

Forschungsabsicht, Feldzugang und Rolle im Feld

So bewarb ich mich im April 1996 für eine Tätigkeit in der Altenpflege, um das dazugehörige Mitgliedswissen so weit wie möglich zu erwerben. Es kam zu einem Vorstellungsgespräch mit der Heimleiterin einer Pflegeeinrichtung eines renommierten

Trägers, welches positiv verlief, d.h. zur Einstellung führte. Die Heimleiterin fragte mich damals, ob ich Interesse habe, die Biographiearbeit im Hause zu entwickeln. Ich zeigte mich begeistert, denn damit war der offizielle Weg frei, um die eigene Rolle als legitimierten Beobachter zu definieren und einzuüben. Diesem offiziellen Status trug ich ferner Rechnung, indem ich mich im Juniheft in der monatlich erscheinenden Hauszeitschrift auf Bitten von Fr. D. persönlich vorstellte. Hierbei hob ich hervor, daß ich sowohl praktische Erfahrung würde sammeln wollen als auch Interesse an Biographiearbeit und Pflegeplanung hätte. Zugleich bedankte ich mich für die vorab geleistete Einarbeitung durch zwei Pflegekräfte.

Ich war befristet angestellt und gab mir Mühe, die anfallenden Arbeiten einzuüben, die den Bereichen der Grundpflege, Mobilisation und Kommunikation zuzuordnen sind. Ich hatte zuweilen ernsthafte Zweifel, dieser doppelten Belastungssituation gewachsen zu sein und tat nach Dienstschluß viel für die eigene Regeneration. Die 35 Stunden in einer 5-Tage-Woche mit wochenweisem Wechsel von Früh- und Spätdienst erlaubten mir gleichwohl einen **profunden Überblick** in diesem Wohnbereich zu gewinnen. Ich hatte es mit allen Pflegebedürftigen (es waren stetig über 20 Personen von insgesamt 60) zu tun dabei mit den unterschiedlichsten Diagnosen und damit verbundenen Pflegeanforderungen. Neben diesen Anforderungen stellte sich schnell heraus, daß die Tatsache, daß die pflegebedürftigen Personen auf insgesamt vier verschiedene Etagen verteilt sind, diese Pflegearbeit zusätzlich mit äußerst viel Laufarbeit verbunden sein würde mit der Konsequenz, sich genau zu überlegen, wohin man warum läuft und mit welchem Resultat.

Nach der ersten Phase des Zurechtfindens definierte ich meine Rolle als Pflegehelfer und ließ konsequent die Hände von behandlungspflegerischen Tätigkeiten, um die definitionsgemäße Aufgabentrennung zu Pflegekräften und damit deren Expertenstatus in eigner Sache nicht zu unterminieren. Hierbei bemerkte ich für mich, daß Aufgaben, wie das Spritzengeben, meine Sache eh nicht waren und sind. Die Rolle konnte ich somit glaubhaft spielen.

Im Anschluß erlaubte ich mir einen offiziell genehmigten Urlaub, den ich zu einer Reflexionsphase nutzte, in der ich u.a. zu dem Schluß gelangte, daß die meisten "typischen Themen der Pflege", die die einschlägige Literatur seit Jahren behandelte, in Alltagskulturform vorkamen. Das Helfersyndrom, das frühe Aufstehen, der "Genuß" von Rauchwaren, regelmäßiger Kaffeegenuß, Hektik auf den Fluren, rasche Ermüdungserscheinungen und damit verbunden anwachsende Agressionspotentiale bei fast allen Beteiligten, ein hoher Anteil geschiedener bzw. getrennt lebender Mitarbeiter/innen, Konflikte mit launigen Bewohnern (ob pflegebedürftig oder auf demWeg dahin) und auch umfängliche kommunikative Handlungen in Gestalt gesprächsintensiver Pausen und Dienstübergaben.

Als besonders beobachtenswert für den weiteren Verlauf erschienen mir die **Ausschnitte** Pflegeinteraktionen und hierbei die Alltagskreativität der Bewohner und des Personals, die Kommunikation innerhalb des Personals, die häufig wiederkehrende Diskussion um den Führungsstil der Leitung des Wohnbereichs, des Pflegedienstes und des Heimes insgesamt im Zusammenhang mit dem Krankenstand der gegenüberliegenden Pflegestation. Allerdings bemühte ich mich fortan, für weitere Themen offen zu bleiben.

An dieser Stelle möchte ich hervorheben, daß ich die teilnehmende Beobachtung nach den Prinzipien der Natürlichkeit, der Aufrichtigkeit und des Vertrauens und nicht etwa irgendeine Undercover-Aktion durchgeführt habe. Diese Prinzipien setzte ich im Anschluß an meine Tätigkeit fort, indem ich das Schreiben des Buches offiziell sowohl der Wohnbereichsleiterin als auch der Heimleiterin kundtat. Es stieß sogar auf reges Interesse und auf Wertschätzung. Ich konnte zudem glaubhaft versichern, daß keine ursprüngliche Absicht bestand, über das Pflegegeschehen zu schreiben. Es handelte sich eher um die Anhäufung von Alltags- und Mitgliedswissen in Verbindung mit wissenschaftlichen Wissensbeständen, die den Drang in mir weckte, im ausgefallenen Frühsommer des Jahres 1998 zur Feder zu greifen.

Die folgenden Abschnitte geben somit die eigene innere Gliederung aus Selbstbeobachtung und zunehmender Fremdbeobachtung wieder.

Das Resultat dieser Beobachtungs- und selbstverständlich auch der Gesprächsbefunde besteht schließlich in einer Positionsfindung von sozialwissenschaftlicher Unternehmensberatung, die explizit Abstand nimmt vom üblichen Rationalitätsgefälle wissenschaftlichen Arbeitens und demgegenüber der Betroffenensynthesen im Lebensweltraum einen Expertenstatus in eigener Sache verleiht und letzten Endes "demokratische Eliten" zu fördern vermag.

Mit einem gewissen Stolz kann ich verkünden, daß diese Position zu unterschiedlichen Aufträgen geführt hat, über die ich in loser Folge zukünftig zu berichten beabsichtige.

2. Lebensstile der Bewohner und Pflegeinteraktionen

Es kamen verschiedene Formen von Alltagskreativitäten der Bewohner vor. Rückwärtsgewandte, die eigene Vergangenheit thematisierende Erzählsegmente, wie beispielsweise ein japanisches Teeservice, das sich eines Tages auf dem Tisch einer 96-jährigen ehemaligen Oberstudienrätin befand und diese sich Gedanken machte, wer aus ihrem familiären Umfeld geeignet sein könnte, es zu erben. Es dominierten in den Erzählungen dieser Personen (allesamt sind durchschnittlich 90 Jahre alt) jedoch die Organisierung des Heute, das Leben im Hier und Jetzt mit Erzählungen aus der eigenen erlebten Vergangenheit, wie z.B. Schulzeiten, Kriegserlebnisse, das eigene Berufsleben. Selten kam es zu eindeutig in die Zukunft weisende Projekte etwa in Gestalt von Reiseplänen o.ä.

Es zeigte sich eine Ambivalenz zwischen Selbstisolierung und Resignation und Handlungsentwürfe wie Spaziergänge, Konzertbesuche oder die Absicht, ein neu erschienenes Buch nun endlich lesen zu wollen. Einigen, insbesondere bettlägerigen Bewohnern waren indes Fähigkeiten wie Langes-lesen-können oder sich länger auf etwas zu konzentrieren abhanden gekommen, nicht selten wohl unwiderruflich.

Die o.beschriebenen Pläne oder Handlungsentwürfe waren vorhanden und bildeten die Grundlage für weitere pflegerische und z.T.therapeutische Maßnahmen, die die übliche apparatliche Ochsentour durchliefen, ehe für eine 96-jährige Bettlägerige endlich Krankengymnastik verordnet wurde. Über Sinn oder Unsinn dieser Maßnahme wurde innerhalb des Pflegepersonals trefflich gestritten und zwar sachlich und leidenschaftlich. Diese Ochsentour steht dem intendierten Leitbild des Trägers, u.a. die Individualität und Lebensstil des Bewohners zu berücksichtigen, entgegen.

Es begab sich, daß der Vorstand des Trägers Mitte des Jahres 1997, eine Broschüre zur Trägerkonzeption drucken, an das Personal verteilen ließ und verteilen ließ an das Personal und zu einer Diskussion einige Wochen später einlud. Diese Einladung entfachte eine formelle und eine umfangreiche informelle Diskussion innerhalb des Hauspersonals mit dem gemeinsamen Thema "Lebensstile der Bewohner" und schärfte auf diesem Wege das Bewußtsein, um ggf. im Pflegealltag darauf einzugehen.

Diese offizielle Ebnung seitens des Trägers nahm ich zum Anlaß, meine Aufmerksamkeit stärker auf die Lebensstile der pflegebedürftigen Bewohner zu richten, mit denen ich fortan überwiegend zu tun hatte.

Es handelt sich um bis zu 10 Personen (wegen der zahlenmäßig unterschiedlichen personellen Besetzung kommt es zu Variationen in der Woche und am Wochenende), die insgesamt an einem Morgen oder eines Spätdienstes von mir bezogen auf die

Grundpflege versorgt wurden. Zunächst einmal machte ich mir Gedanken über das Schlafverhalten der betreffenden Personen und stellte fest, daß es sowohl "Langschläfer" als auch Frühaufsteher unter ihnen gibt. Daraufhin entwickelte ich im Rahmen eines vorgegebenen Zeitplans (6 Uhr 40 Dienstbeginn, Frühstückszeit zwischen 8Uhr-9Uhr 15) einen lebensstiladäquaten Laufplan vor dem Hintergrund eines individuellen Schlafverhaltens der betreffenden Bewohner. Hieraus resultierte im Laufe der Zeit eine ungeheure Flexibilität, denn es zeigte sich, daß dieser Plan nur einen Rahmen darstellen würde, der wiederum **unterschiedliche Gehwege** ermöglichte. Ein Bewohner wollte vor dem Frühstück rasiert sein und das bedeutete, ihn spätestens um 7Uhr zu wecken. Dieser Bewohner benötigte leichte Wasch- und Anziehhilfe, das Bett ist zu machen und aufzuräumen. D.h. er hat sich weitgehend eigenständig gewaschen und das ließ Zeiträume für andere pflegebedürftige Bewohner, die auf derselben Etage wohnten. So war es möglich, etwa um 7Uhr 10-7Uhr25 für eine andere Person arbeitsvorbereitende Tätigkeiten zu verrichten bzw. sogar Ganzwaschungen vorzunehmen.

Eine 96-jährige Bewohnerin, die im Appartement gegenüber wohnt und wesentlich umfangreichere Wasch- und Anziehhilfe benötigt, steht ganz gerne um 7Uhr 30 auf. Als ehemalige Oberstudienrätin stand sie wie früher auf, erzählte sie. Einer weiteren 96-jährigen Bewohnerin, die seit 1 1/2 Jahren überwiegend bettlägerig ist, waren nach eigenem Bekunden sämtliche Vorstellungen von Tageszeit, geschweige denn präziser Uhrzeit abhanden gekommen. Sie wollte lediglich erfrischt frühstücken und später gewaschen werden bzw. für eine mögliche Buchlektüre mobilisiert werden.Entscheidend dafür war ihre eigene aktuelle Befindlichkeit. Die vierte pflegebedürftige Bewohnerin am Morgen, benötigte um 7 Uhr eine Medikamentengabe und leichte Anziehhilfe im Umfang von ca. 6 Minuten. Die letzte Bewohnerin am frühen Morgen, die ebenfalls die Leistungen Wasch- und Anziehhilfe erhält, schläft ganz gerne länger. Sie habe ich gegen 7 Uhr 45 vorsichtig geweckt und gegen 8Uhr gewaschen.

Das Resultat nach einigen Wochen war u.a., daß sich der tatsächliche Arbeitsanfang von 6 Uhr 40 auf 7 Uhr verlagerte und daß die individuellen Vorstellungen eines Tagesbeginns der Bewohner/innen absolut erfüllt werden konnten. Zugleich werden die Pläne und Wünsche der Bewohner sozusagen technisch-organisatorisch "vorentworfen". Es zeigte sich, daß jeder Frühdienst, nur von dem war bisher die Rede, nicht absolut gleich, sondern allenfalls ähnlich ablief.

Diese kurze Episode über das Frühaufstehen und das Organisieren von Wasch- und Anziehtätigkeiten sollte dazu dienen, zweierlei aufzuzeigen. Zum einen wurde in kommunikativer Form, d.h. durch Beobachten und persönliches Nachfragen, dieser Laufrahmenplan erstellt, um gezielt den **individuellen Wünschen und Vorstellungen der Bewohner/innen** entgegen zu kommen. Zum zweiten zeigt die kurze Darstellung, daß **Handlungsentwürfe von Pflegenden** entstehen, sobald der interaktive Charakter einer Pflegebeziehung in der Vordergrund gerückt wird. Dies setzt sich fort, wenn es darum geht, individuelle Duschzeiten zu vereinbaren (vgl.entsprechenden Abschnitt) oder individuell abgestimmt zu frisieren, zu mobilisieren oder wie in der Abhandlung über den Spätdienst zu sehen sein wird, individuelle Zu-Bettgehzeiten zu vereinbaren.

In den vergangenen Monaten hatte ich den Eindruck gewonnen (wie auch andere Kollegen und Kolleginnen), daß sich die gewünschten individuellen Aufstehzeiten zusehends in den späteren Morgen bzw. den Vormittag verlagerten, was wohl u.a. damit zusammenhängt, daß neu eingezogene Bewohner andere Aufstehgewohnheiten "mitbringen" (Individualisierung im Alter?). Zugleich bedeutet dies perspektivisch für das Pflegepersonal sowie für das hauswirtschaftliche Personal arbeitsorganisatorische und zeitsouveräne Handlungsspielräume.

Ein derartiger Laufrahmenplan setzt aber auch voraus, daß formale und inhaltliche Führung auf den unterschiedlichen Stufen des Wohnbereichs, des Pflegedienstes, des

Heimes und des Trägers insgesamt Arbeitsautonomie gewährt, die wiederum ein Höchstmaß an Offenheit und Kommunikation innerhalb des Personals erfordert.

Ferner ist vonnöten, die eigene Lust am Ausprobieren, die eigene Offenheit unterschiedliche Lebensstile anzunehmen und diese als eigene Chance zu sehen.

Die Begrüßungsrituale und Rituale der Unterbrechung, um für einen anderen Bewohner arbeitsvorbereitende Tätigkeiten vorzunehmen, erzeugt mithin eine Art morgendliches Gemeinschaftsgefühl ("Grüßen Sie bitte Frau X von mir")zwischen den betreffenden Bewohnern und sorgt für einen angenehmen Gegenimpuls zur ansonsten überwiegenden Käfigsituation.

Diese Erkenntnisse aus den Beobachtungen und Gespräche im Rahmen der teilnehmenden Beobachtung brachten mich auf die Idee, forschungsseitig systematisch vorzugehen, d.h. beiderseitige Kreativitäten im Alltag gezielt zu erheben. Dies kann in Gestalt eines Zirkels Biographie und Pflegeplanung geschehen. In einem zweiten Schritt würde es darum gehen, im Zuge einer Verlaufsanalyse den Effekt eines solchen Inputs retrospektiv nachzuvollziehen und aufzuzeigen. Stark zu vermuten wäre auf der einen Seite eine optimierte Klientenzufriedenheit, die sich quantitativ an entsprechenden Auslastungszahlen ablesen lassen müßte und in qualitativer Hinsicht ein "Höchstmaß" an individueller Lebensqualität bedeutet.

Auf der anderen Seite könnte eine stärkere Berufszufriedenheit der Pflegenden stehen, was sich quantitativ u.a. an einer Reduktion des Krankenstandes ablesen ließe und qualitativ eine höhere/verbesserte persönliche Identifikation mit dieser Dienstleistungsarbeit nahelegt.

Vor diesem Hintergrund basierte ein Festlegen auf ein Pflegeleitbild und ein Pflegekonzept (beides steht noch aus) auf einem Höchstmaß an **individueller und**

gemeinschaftlicher Partizipation. Diese füllte zeitgemäß schnell dahergesagten und geforderten Begriffshülsen wie beispielsweise der Arbeitszufriedenheit, Klientenzufriedenheit, demokra-tischer Führungsstil, mit nachvollziehbarem Inhalt.

"Duschen"

Im folgenden Abschnitt möchte ich mich eingehend mit einer besonderen Episode aus dem Pflegealltag beschäftigen, dem Duschen.

Vorausschicken möchte ich, daß dieses banal anmutende Thema im Alltag zwischen den Pflegeinterakteuren von immenser Bedeutung ist, nicht zuletzt im hochbetagten Alter eine gewisse Form von Andersartigkeit eines üblichen Tagesablaufs darstellt. Analog hierzu zeigen die folgenden Fälle genau diese jeweilige Individualität.

Fr.K. freute sich stets am Sonntagabend auf das Duschen am frühen Montagmorgen. Selbstverständlich und idealerweise wurde sie am Montagmorgen zuerst bedient. Die Arbeitsvorbereitungen bestanden in folgenden Schritten. Die Naß- bzw. Duschecke war von allerlei Gegenständen, wie etwa dem Mülleimer, freizuräumen. Die Badezimmerheizung war höherzustellen. Fr.K. liebt es, sehr heiß zu duschen. Sie hat im rechten Schulterbereich einen Osteoporosebefund, folglich intermediäre bis chronische Schmerzen. Es ist ferner Waschwasser und die Mundpflege vorzubereiten und ggf. Erbrochenes aus der Nacht (Fr.K. ist sehr magenempfindlich) zu entfernen. Danach ging ich auf leisen Sohlen in ihr Schlafzimmer, um sie immer vorsichtig zu wecken. Montags hatte sich diese Vorgehensweise weitgehend erledigt, denn sie war bereits in einer Art halbschlafender Erwartung und bewegte sich sodann, als ich ihr Schlafzimmer betrat. An anderen Frühdiensttagen kann eher von Tiefschlaf berichtet werden. Sie erhob sich also und begab sich mit leichter Unterstützung pflegerischerseits auf den Toilettenstuhl, der sich parallel zum Bett am Fußende befand. Danach wurde das Bett gelüftet, so etwa 1-2 Stunden. In der Zwischenzeit fuhr ich Fr.K. durch das Wohnzimmer in das Badezimmer. Ich fuhr sie zunächst an das Waschbecken, damit sie ihre Mundpflege durchführen konnte. Daraufhin bedeckte ich ihr sehr langes Kopfhaar mit einer Duschhaube. Sie wollte es so, denn sie bevorzugte den Friseurbesuch am Dienstagvormittag und wollte nicht, daß ihr Kopfhaar naß wurde. Danach löste ich die Bremsen des Toilettenstuhles und fuhr ihn samt Fr.K. in die Duschecke. Sie konnte aufstehen und sich an einem eigens angebrachten Haltegriff festhalten. Es ist in diesem Zusammenhang hervorzuheben, daß das Sich-Aufrichten-können einen Fortschritt darstellt vor dem Hintergrund eines einige Monate zurückliegenden Oberschenkelhalsbruches und der damit verbundenen Begleiterscheinungen, wie beispielsweise Operationsschmerzen und der Angst, auszurutschen oder gar zu stürzen. Im übrigen liegen Sie richtig, wenn Sie vermuten, daß Fr.K., mit Ausnahme eiskalter Winternächte, auf jedwedes Nachtgewand gänzlich verzichtete.

Das eigentliche Duschen begann sodann mit einem längeren warmen bis heißen Abduschen. Sie genoß es sichtlich, besonders wenn der Wasserstrahl ihren Schulterbereich erreichte.
Anfangs, d.h. zu Beginn der teilnehmenden Beobachtung, konnte sich Fr.K. noch selbständig im Brust,- Arm- und Genitalbereich waschen, indem sie sich am Haltegriff mit einer Hand festhielt. Mittlerweile ist die Fähigkeit m.E. in pflegerische Hände gefallen. Das anschließende Waschen im Rücken,- Bein- und Fußbereich wurde von pflegerischer Hand ausgeführt, weil ihr das Beugen und auch später das Beugen aus einer sitzenden Stellung schwerfiel. Besondere Freude bereitete ihr das abschließende Abduschen, für das ich mir ausgiebig, allerdings im Rahmen formeller Zeitvorgaben, Zeit nahm. Das Duschtuch hatte ich zwischenzeitlich auf die warme Heizung gelegt, so daß ich Frau K. - ihr spezielles Wohlbefinden eingedenk - abtrocknen um im Anschluß an diverse Einreibungen, die Frau K. z.T. selbständig durchführte, zur Anziehhilfe überzugehen. Sie sprach nach einigen Wochen davon, daß sie sich wünschte, ein

weiteres Mal pro Woche duschen zu wollen. Im übrigen bedankte sie sich für fast jeden Handgriff, begab sich nach dem Ankleiden mit Hilfe eines Gehrades an einen Tisch, der sich im Wohnzimmer befand und an dem sie für gewöhnlich, mit Ausnahme des Mittagessens, ihre Mahlzeiten einnahm.

Diese erste Fallbeschreibung zu dem Beobachtungsausschnitt "Duschen" im Pflegealltag zeigt mehrere Facetten von Individualität. Frau K. achtet sehr darauf, eigene Fähigkeiten und Fertigkeiten in die Herstellung und Gestaltung - nicht nur ihres Duschverhaltens - einbringen zu können. Geht man aus pflegerischer Sicht gezielt darauf ein, sind zweierlei Ergebnisse naheliegend. Frau K. fühlt sich nicht nur **beteiligt**, sie ist es auch, was zu einer guten Gestimmtheit auf beiden Seiten der Pflegeinteraktion führt. Ferner ist es für die pflegende Person eine enorme Entlastung, nicht jeden Handgriff durchführen zu müssen, sondern gewissermaßen delegieren zu können. Es gilt in der Konsequenz, aufmerksam zu bleiben, eigenes Beugeverhalten zu überdenken und gegebenenfalls zu korrigieren. Als Medium fungiert die vorangegangene, gegenwärtige und in die Zukunft weisende Alltags-kommunikation der Pflegeinteraktcure.

Es fällt leicht, Frau K. für eine montägliche Dusche zu gewinnen und bietet darüberhinaus einen angenehmen Start in die beginnende Arbeitswoche. Während des Duschvorgangs schweigt sie sich indes aus und konzentriert sich auf das Vermeiden von Stürzen und auf das Genießen des Wasserstrahls, den ich in der Temperatur nicht an meinen Körper heranließe.

Nicht unerwähnt lassen möchte ich den Zeitaspekt, also die Frage, wieviel Zeit habe ich für eine Person absolut. Sie alle wissen, daß Zeit aber relativ ist. Die am Vortag getroffenen zeitliche Absprache mit Frau K. ist zu einem Ritual geworden, d.h. der Arbeitsbeginn für die pflegende Person am Montagmorgen ist zwar gesetzt, aber gleichzeitig variabel. Für das persönliche Wohlbefinden von Frau K. ist es von großer

Bedeutung, für das heiße Abduschen Zeit mitzubringen. Wann das Bett gemacht wird, ist eine Frage, die sich nachrangig beantworten läßt, etwa dadurch, daß diese Leistung bequem mit in die 2.Pflegerunde am Vormittag genommen werden kann. Im übrigen sind sowohl das persönliche Wohlbefinden eines Menschen beim Duschen, das Lüften eines Bettes und die damit verbundene Entlastungswirkung für die pflegende Person unterschiedliche Ausdrucksformen von Qualität. Der eigene Rücken bleibt weitgehend unbeeindruckt, die möglicherweise eigene schlechte Laune am Montagmorgen wird relativ bedeutungslos, nicht selten wird sie dadurch sogar besser.

Insgesamt lassen sich Formen interaktiver Partizipation im konkreten Pflegealltag erkennen, d.h. Fähigkeiten und Fertigkeiten der jeweiligen Pflegeinterakteure aufeinander abzustimmen und auf diese Weise zum Gelingen einer Gestaltung eines Pflegealltags beizutragen.

Es erscheint müßig, davon auszugehen, daß meine selektive und subjektive Wahrnehmung des Duschalltags von Frau K. sozusagen als Königsweg zu betrachten. Kollegen und Kolleginnen berichteten, daß sie Arbeits-vorbereitung und Durchführung des Duschvorgangs von Frau K. anders, d.h. auf die eigene Art durchführen.

Eine Gemeinsamkeit bleibt indes, daß das Duschwasser möglichst heiß sein muß, d.h. diese sollte eine selbstbestimmt gefühlte Temperatur nicht unterschreiten.

Frau W. stellte ich bereits im vorangegangenen Abschnitt zum "Aufstehen" vor.
Ich möchte vorausschicken, daß mir Frau W. anfangs nicht geheuer vorkam. Sie erinnerte mich an meine Schulzeit und dabei notwendigerweise an vorkommende Lehrertypen, speziell aus dem Lateinunterricht. Dennoch entwickelte sich ein emotional sehr enges Verhältnis, nachdem sie es wohl aus Verzweiflung nach einigen Monaten aufgab, gewisse "Prüfungsfragen" zu stellen. Ihr trockener Berliner Humor, der keineswegs immer und zu jeder Zeit ihren intellektuellen Hintergrund verriet,

stimmte mich auch an trüben Tagen heiter. Im übrigen spiegelte ihre Wortwahl, die sie für die humorvollen Geschichten traf, ihre Herkunft wider.

Zur Erinnerung: W. war und ist überwiegend bettlägerig. Lediglich zu einer kurzen, dennoch fast täglichen Lektüre ließ sie sich mobilisieren.

Auch wenn sie es mit dem beginnenden Tagesrhythmus nicht mehr so genau nahm, so waren ausgiebige Körperhygiene sehr wohl für sie von großer Bedeutung. Vor diesem Hintergrund organisierte ich das Duschen in enger Absprache mit ihr, in der Regel für den Dienstag- oder Mittwochvormittag einer jeweiligen Frühdienstwoche, und brachte für Duschen und Bettbeziehen (bei Bedarf) ausreichend Zeit mit.

Die notwendigen Arbeitsvorbereitungen ähnelten denen bei Frau K., mit dem Unterschied, daß Frau W. insgesamt sehr kälteempfindlich war und forderte, man möge den Heizkörper im Badezimmer auf die höchste Temperaturstufe stellen. Ein weiterer Unterschied besteht darin, daß vorher ihr Nachthemd auszuziehen und gegebenenfalls Inkontinenzversorgung vonnöten war.

Mit Hilfe des Toilettenstuhls fuhr ich Frau W. ins mittlerweile sehr warme Badezimmer. Sozusagen im Vorbeigehen präparierte ich das Bett mit entsprechenden Inkontinenzmaterialien und trockenen Hand- und Frotteetüchern für die Zeit nach dem Duschen und nicht zuletzt wegen ihrer Temperaturempfindsamkeit.

Das Duschen selbst unterscheidet sich von dem von Frau K. dadurch, daß Frau W. während der Dusche auf dem Toilettenstuhl sitzt und nahezu ununterbrochen kommuniziert. Im wesentlichen über Themen, die mit Pflegearbeit nichts zu tun haben (oder vielleicht doch?!), sondern Gebiete der Anthroposophie und damit verbundener Themenkreise, wie beispielsweise die Entstehung der Anthroposophie, besondere

Vertreter und Inhalte dieser Denkrichtung und Weltanschauung, die jeweils in bester Lehrermanier ausführlich erläutert wurden.

Im Sitzen kann sich Frau W. Gesicht, Hals, Brust und m.E. die Arme nach wie vor selbst waschen. Das vorangegangene erstmalige Abduschen war in für sie wohltemperierter Form geschehen. Die gefühlte und tatsächliche Wassertemperatur lag weit unter der, die Frau. K. für angemessen hielt. Zudem kam es in beiden Fällen darauf an, Temperaturschwankungen zu vermeiden. Der damit verbundene technische Defekt wurde Wochen später durch Austausch der Duscharmaturen behoben. Das Waschen des Bein,- Fuß-und Genitalbereichs war und ist von pflegerischer Hand durchzuführen, weil ihr das Beugen auch im Sitzen Schmerzen bereitet und dieses angesichts ihrer Körpergröße von etwa 18o cm eher einer Strapaze gleichkäme.

Eine weitere Besonderheit gegenüber Frau K. ist die Haarwäsche. Frau W. bestand und besteht darauf, ein ganz bestimmtes Haarwaschmittel zu benutzen und zusätzlich in einer ganz bestimmten Art und Weise die Haarwäsche vorzunehmen bzw. vornehmen zu lassen. Für die gesamte Haarwäsche reichten allerdings ihre Kräfte nicht aus, so daß sie die Unterstützung einer Pflegekraft benötigte. Es ging ihr sodann insbesondere darum, die Kopfhaut zu massieren und die mit ihr verbundenen Haare weitgehend außer acht zu lassen. Das Auswaschen der Haare sollte sehr gründlich erfolgen, das Abtrocknen möglichst schnell. Im Anschluß daran erfolgte die nochmalige Inkontinenzversorgung und das übliche Ankleiden eines Nachthemdes in ihrem Wohnbereich. Nach dem Wieder-Zu-Bettbringen begann in der Regel das Fönen der Kopfhaare, wobei sie während dieses Vorgangs, den eine Pflegekraft ausführen muß, weil Frau W. längst kraftlos geworden war, Haaröl in ihr Kopfhaar strich. Während dieser unmittelbaren vis-a-vis-Situation begann eine beiderseitige Entspannungsphase und es wurde zumeist weiter kommuniziert.

Insgesamt und in Zusammenschau mit dem individuellen Duschverhalten der Frau K. treten bei Frau W. ebenfalls Formen von Partizipation auf, allerdings eher mit der Absicht verbunden, die eigenen körperlichen Ressourcen zu schonen. Die besonderen Rituale bezogen auf die Komplexe Kopfhaut und Haarwaschmittel unterstreichen zugleich ein individuelles Bild einer Person, die -so ist ihren Erzählungen zu entnehmen - in ihrer Lebensgeschichte stets ähnlich verfuhr und dies auch trotz der Situation ihrer Pflegebedürftigkeit, ihre Lebensauffassung und Selbstbestimmtheit ihres Lebensstil auch im hochbetagten Stadium durchhalten zu wollen und dementsprechend nicht mehr Abstriche als unbedingt nötig zu machen.

Ich weiß nicht genau, wie es den Kollegen und Kolleginnen ergeht, wenn sie Frau W. duschen. Diesen Vorgang empfand ich sowohl psychisch als auch physisch als außerordentlich belastend und legte stets großen Wert darauf, beim Aufräumen der Wohnung und des Badezimmers so weit wie möglich zu entspannen. Diese Entspannungsphase begann bereits beim Fönen der Haare, was Frau W. ebenfalls sehr genoß.

Ähnlich wie Frau K. bedankte sich Frau W. ausdrücklich und mehrfach. Die körperliche Anstrengung war ihr anzusehen. In der Regel bat sie danach darum, nun ausruhen zu können.

Für eine Pflegekraft bestehen trotz der angesprochenen Belastungsformen durchaus Möglichkeiten, Arbeitszeitlage und Arbeitsinhalt derart zu koordinieren, indem der Lebensstil eines Bewohners oder einer Bewohnerin - hier am Beispiel des Duschen illustriert - bewußt zum Ausgangspunkt genommen werden kann, um Details des jeweiligen Arbeitsvorgangs intersubjektiv auszuhandeln. Dadurch besteht die Möglichkeit, die eigene Befindlichkeit (die der Pflegekraft) insofern zu berücksichtigen, als in der jeweiligen Aushandlungsphase mehrere Optionen angesprochen werden, wie beispielsweise das Duschen in Verbindung mit dem

Machen des Bettes oder ohne, d.h. das Duschen auf den Dienstag zu legen und das Bett am Mittwoch zu machen.

Die arbeitszeitliche Organisierung am Tag kann morgens angesprochen werden und je nach täglicher subjektiver Befindlichkeit des Bewohners aber auch der Pflegekraft neu und verläßlich ausgehandelt werden. All dies setzt Sicherheit und Vertrauen voraus und offene Kommunikationsformen- und kompetenz der beteiligten Pflegeinteratkeure. Auf diese Art entsteht die Gelegenheit, punktuell hohe Belastungssituationen für beide Seiten erfolgreich und außerordentlich leichtfüßig zu händeln, also nicht nach dem Prinzip satt und sauber, sondern in erster Linie kundenorientiert und zugleich modernen Formen des Vasallentums wirksam entgegenzutreten.

Zusammenfassend ausblickend möchte ich das Motiv des Aushandelns besonders hervorheben. In den weiteren Fällen wie auch in den anschließenden Beobachtungsausschnitten werden unterschiedliche Formen von Partizipation angesprochen, die wiederum die verschiedenen Aushandlungsebenen Diagnose, Therapie und Pflegealltag abbilden. Es zeigen sich -soviel sei vorweggenommen - unausgeschöpfte Ressourcen, Handlungsspielräume für beide Seiten der jeweiligen Pflegeinteraktion. Diese Befunde ins eigene Bewußtsein gehoben, ermöglichen es, angenehmere, entspanntere Formen der Arbeitsbewältigung und können dem Entgegenwirken einer chronischen Belastungssituation zuträglich sein, d.h. Taten folgen lassen.

Ich komme nun zu einem Bewohner, der der einzige Mann zum Zeitpunkt der teilnehmenden Beobachtung ist. Er wohnt auf der dritten Etage des Wohnbereichs. Er ist zu diesem Zeitpunkt 91 Jahre alt, zählt sich selbst zur hanseatischen Kaufmannsgilde, ist unverheiratet geblieben und hält diese Form nichtbeziehungsmäßiger Lebensführung (die mit Trauschein) offenbar und für dieses Leben ganz sicher durch. Hier scheint ein möglicher Anhaltspunkt gegeben zu sein, als

Mann eine reelle Chance zu haben, mit individueller Lebensqualität die öffentlich gehandelten Durchschnittszahlen von Lebenserwartung "Kategorie oder gar Variable Mann" leichten Fußes zu überschreiten und sich nach wie vor mit Bremensien aber auch mit überbremischen Themen wie Telekomaktien u.a.m., intensiver zu beschäftigen, als das zu Zeiten seines Berufsbildes möglich gewesen war.

Bestandteil und Ausdruck seiner individuellen Lebensqualität ist ferner seine ganz persönliche Art des Duschens, nicht revolutionär neu, sondern individuell anders als die vorangestellten und beschriebenen Fälle. Vor dem Hintergrund des jeweiligen Aushandelns über den Zeitpunkt des Duschens, stellte sich heraus, daß er vorzugsweise am Mittwochmorgen duscht. Dies hängt allerdings von seiner täglichen Befindlichkeit bzw. seiner aktuellen körperlichen Konstitution ab und entscheidet sich nicht nach dem Kriterium von Bequemlichkeit, sondern bezieht die Gesamtheit geplanter Aktivitäten und verplanter Lagen von Tageszeiten mit ein, wie beispielsweise den Arztbesuch am Vormittag oder die Redaktionssitzung der monatlich erscheinenden Hauszeitschrift. Die individuelle Befindlichkeit von H.W. und das damit verbundene persönliche Vermögen, die eigenen körperlichen Kräfte adäquat einzuschätzen, sind als wesentliche Voraussetzungen, dem Duschen am Mittwochmorgen zugeneigt zu sein, anzusehen.

Die Arbeitsvorbereitungen für den Duschvorgang ähneln stark denen der beschriebenen Fälle. Es gibt drei wesentliche Unterschiede, die für die Organisation dieser Pflegeinteraktion "Duschen" von Belang sind und die stets mitbedacht werden müßten, will man den alten Mann in seiner Individualität nicht überfahren. Erstens ist es geboten, seine Langsamkeit beim Wachwerden, Aufstehen und seinen behutsamen Gang vom Wohn- und Schlafzimmer zum Badezimmer mit Hilfe des Gehgestells zu beachten und sozusagen, im Gegenzug pflegerisch nicht untätig zu bleiben und je nach Situation, das Bett bereits zu lüften, gegebenenfalls kleine Aufräumarbeiten zu verrichten (nur hier, d.h. sachgegenständlich paßt meiner Meinung nach der Begriff der

"Verrichtung") und im wesentlichen darauf zu achten, das Badezimmer entsprechend präpariert zu haben.

Der zweite bedeutsame Unterschied zu den anderen beschriebenen Fällen besteht darin, ein Fuß-und Pflegebad vorzubereiten. Dieses wird am Ende des eigentlichen Duschvorgangs durchgeführt und steigert bzw. verbessert -wie sich gezeigt hat - nicht nur sein persönliches Wohlbefinden, sondern verhilft durchaus, pflegerisch zufriedener zu sein, weil man Ergebnisse in der Altenpflege, speziell bei den Hochbetagten, erzielt. Häufig war es so, daß sich seine Laune danach verbesserte.

Drittens besteht ein Unterschied in der zeitlichen Vereinbarung am Morgen. Er sagte über sich selbst, er sei ein Nachtmensch und bevorzuge einen späteren Tagesbeginn als 7 Uhr morgens. Zugleich bestand er auf pünktliches Erscheinen, wenn eine zeitliche Verabredung getroffen war.

Mit Widersprüchen zu leben ist vielleicht normal geworden, jedenfalls verbal und je nach dem Grad an Betroffenheit unterschiedlich zu gewichten. Jedoch gibt es da ja noch das pragmatische Motiv alltagskreativer Handlungsentwürfe, die nach der Lage der phänomenologischen Literaturlage und der Erkenntnisse und Ansätze insbesondere der Wissensgeneseforschung, vornehmlich in Kleingruppen erzeugt und perpetuiert werden. Dies soll u.a. heißen, daß durch das Medium der Alltagskommunikation die Möglichkeit gegeben ist, individuelle Handlungen vorzuentwerfen, unabhängig von emotionaler Befindlichkeit zu planen und zwar letztlich interaktionistisch. Sein Ziel war es also, das Frühstück nach 8 Uhr möglichst rasiert einzunehmen. Das hieß, der Duschvorgang insgesamt und das anschließende Anziehen war vor 7 Uhr 45 vorzunehmen, so daß ausreichend Zeit zur Rasur verblieb. Diese führte er selbst durch.

Das Duschen selbst nahm H.W. überwiegend in die eigene Hand. Es war von pflegerischer Seite lediglich begleitende Arbeit, indem die Seife gereicht wurde, später sein Rücken abzutrocknen und einzureiben war. In aller erster Linie galt es, während des Duschvorgangs anwesend zu sein und dies womöglich durch "Räuspern" zu bestätigen, so daß ihm eine Grundsicherheit gegeben werden konnte. Wenn es sehr ruhig wurde, fragte er denn gleich, ob man noch da sei. Dem restlichen Abtrocknen, welches H.W. selbst vornahm, schloß sich der vorsichtige Gang auf einen kleinen Hocker, welcher vor dem Waschbecken stand, an. Nun begann das Fußbad mit anschließender Pflege. Diesem Gang galt es indes, höchste Aufmerksamkeit pflegerischerseits zu widmen, also Vertrauensarbeit in konkreter Form zu leisten. Er wurde begleitet durch allmählich ansteigende Kommunikation. Ausgangspunkt hierzu war zumeist das vorangegangene Duschen. es schlossen sich sobald weitere Themen an, wie beispielsweise das kritische Bewerten der benutzten Creme, das ausreichende Vorhandensein von Waschlotion und nichtpflegerische Themen, wie etwa politische und keineswegs nur aktienpolitische Inhalte zum Vortag u.a.m.

Die eingangs dieses Falls beschriebenen Elemente der Individualität von H.W. kennzeichnen ihn, aber eben auch viele vergleichbare Fälle in Wohnbereichen, auf Pflegestationen und diese vor allem trägerunabhängig.

Pflegeinteraktionistisch verbleibt die Erkenntnis, daß sich die beschriebenen individuellen Merkmale über den Weg der Aushandlung und Verhandlung in den konkreten Kanon eines Pflegealltags, speziell des Frühdienstes, hineinarbeiten lassen. Ich werde in einem späteren Abschnitt einen konkreten und zugleich visionär vergleichbaren Arbeitsablauf skizzieren, der in seine Lauf- und Arbeitswege individuelle Elemente der Bewohnerseite gezielt aufnimmt.

Zugleich zeigt diese Vorgehensweise, wie trotz bestehender Determinanten des Pflegealltags, bedingt durch Experteninterventionen bestimmter Berufsgruppen bzw. Berufsstände, Handlungsmöglichkeiten für Pflegekräfte nicht nur vorhanden, sondern diese Optionen auch kultiviert werden können. Es werden dabei 3 nuanciert unterschiedliche Gehwege beschrieben, die zum einen die vorgegebenen Rahmendaten einhalten und zum zweiten ärgste Müdigkeitsphasen auf pflegerischer Seite während einer Frühdienstwoche händelbar machen.

Die drei bisher beschriebenen Fälle zeigen unterschiedliche Individuen, die sich auch nicht teilen lassen würden, und zugleich individuell unterscheidbare Anforderungen an eine Pflegekraft stellen und zwar in physischer und psychischer Hinsicht. Sie bieten auf Seiten der jeweiligen Pflegekraft aber auch die Chance, individuelle Duschstile aufeinander abzustimmen, die eigenen Kräfte und emotionalen Befindlichkeiten entsprechend über den Weg von informeller Verhandlung einzuteilen, die wiederum täglich, am Tag, von Tag zu Tag, von Woche zu Woche...variieren können.

Durch gedanklichen Vorentwurf, Umsetzung durch alltägliche Kommunikation mit dem Bewohner entstehen nicht selten Freiräume, aber auch zeitliche Engpässe, wie der folgende Fall aufzeigen wird. Hier gilt es, gezielter zu verhandeln, Absprachen zu treffen und diese, wenn möglich, einzuhalten.

Der Abschnitt über das Aufstehen zeigte u.a., daß durch das Element der Absprache zusätzlich eine Art Gemeinschaftlichkeit unter den Bewohnern einer Etage entstehen kann, die einer unfreiwilligen Isolierung von Bewohnern entgegenzuwirken vermag. Allerdings gibt es eben auch Alte, die sich ganz bewußt zurückziehen. Der nun folgende Fall zeigt nicht nur den o.angedeuteten zeitlichen Engpaß, sondern Ausgangspunkt ist zudem der rollenbezogene Übergang von nicht pflegebedürftig sein, zu pflegebedürftig werden. Frau Ku. verfolgt offenbar das Ziel, diese Pflegebedürftigkeit zu überwinden, was sich am Beispiel des Duschens illustrieren läßt.

Frau Ku. war zu Beginn der teilnehmenden Beobachtung "lediglich" Bewohnerin ohne Pflegebedürftigkeit und zu diesem Zeitpunkt 85 Jahre alt. Im Laufe der folgenden Monate verschlechterte sich ihr Zustand insofern, als ihr das Gehen schwerer fiel und sie binnen weniger Wochen nicht einmal auf ein Gehgestell zurückgreifen konnte. Es folgten Tage der Hilflosigkeit und Tendenzen zur Resignation angesichts zunehmender chronischer Schmerzen im Hüftbereich. Nach einigen mißlungenen schmerztherapeutischen Behandlungen wirkte schließlich eine weitere schmerzlindernd. Schmerzfreiheit formulierte Frau Ku. fortan als ihr Ziel. Dafür war sie nach einigen Gesprächen bereit, sich vorübergehend Pflegebedürftikeit attestieren zu lassen. Es kam dann tatsächlich zu einer Einstufung, die nun Pflegeinteraktionen entstehen ließ. Dazu gehörten Hilfen und unterstützende Maßnahmen beim Ankleiden und Waschen bzw. Duschen, ebenso war Hilfestellung beim Verlassen ihrer Wohnung vereinbart. Bedingt durch unzählige Gespräche, die die Kollegen/Kolleginnen mit ihr führten, nahm sie nur allmählich diese Rolle einer Pflegebedürftigen an. Was dies insgesamt biographisch für sie bedeutet, sei an dieser Stelle unberücksichtigt, wenn es auch hilfreich sein könnte, diesen biographischen Wendepunkt zu rekonstruieren.

Nur allmählich und unsicher nahm sie diese Hilfestellungen an. Im Laufe der Zeit entstand ein vertrautes Ab**lauf**muster, Bett, Badezimmer, Wohnzimmer, Küchenzeile und Balkon. Die Arbeitsvorbereitungen zum Duschvorgang traf sie zumindest gedanklich in eigener Regie. Die Abläufe indes ähnelten denen von Frau K. Anfangs gekennzeichnet durch Irritationen, daß eine zweite Person (und Mann?!) beim Duschen anwesend war, gewöhnte sie sich im Laufe der Zeit daran.

Während des Duschvorgangs war sie sehr aufmerksam und darauf bedacht, nicht auszurutschen oder gar zu stürzen. Aus pflegerischer Sicht waren einige vereinzelte Handreichungen zu machen, der Rücken war zu waschen, die Füße und Beine ebenso. Sie konnte sich mit leichter Unterstützung vom Toilettenstuhl zu erheben und war in der Lage, sich ansonsten selbständig zu waschen und auch später abzutrocknen. Danach waren noch punktuelle Einreibungen vorzunehmen und anschließend diverse Aufräumarbeiten zu verrichten.

Im Verlauf ihrer Pflegebedürftigkeit über einige Monate hinweg, ließ sich ein verstärktes Bemühen ihrerseits erkennen, diese entstandene Abhängigkeit abzulegen, indem sie Schritt für Schritt die Initiative übernahm, womit die pflegerischen und hauswirtschaftlichen Tätigkeiten zunehmend reduziert wurden. Dies kann als Entlastung aus pflegerischer Sicht gedeutet werden, was insgesamt nicht nur physisch erholsam wirkte, sondern zudem Chancen und Freiräume für den gesamten Ablauf auf dieser Etage schuf.

Der anfangs angesprochene zeitliche Engpaß bestand darin, daß sie mit der Schmerztherapie um 7 Uhr morgens begann bzw. beginnen sollte. An deren Einhaltung war ganz besonders gelegen, war sie doch ihrem Ziel, schmerzfrei zu werden, ein großes Stück näher gekommen. Analog trug das warme bis zeitweilig heiße Duschen einen Beitrag dazu bei, worüber sie sich nicht nur freute, sondern daraus weiteren Mut faßte.

Relativiert wurde der zeitliche Engpaß mit den zeitlichen Vorstellungen von H.W. durch die oben beschriebenen Freiräume, die darin bestanden, daß die Anwesenheit einer Pflegekraft in Folge nicht zwingend notwendig war (mit Ausnahme des Duschens) und somit eine Flexibilität entstand, die den Bedürfnissen von H.W. ebenfalls entgegenkam.

Die Episode über das Duschen von Frau Ku. sollte zum Ausdruck bringen, daß pflegerische Handlungen und Handlungsentwürfe der betroffenen Person von Beginn der Pflegebedürftigkeit an zusammen gesehen werden müssen, will man die Probleme des Pflegealltags immanent lösen. Dies setzt allerdings zweierlei voraus. Erstens präzise und machbare Vorstellungen der zu pflegenden alten Person und zweitens ein analoges Pflegeverständnis, wie es etwa im Begriff "aktivierender Pflege" zum Ausdruck kommt. In der Konsequenz ist die jeweilige Pflegekraft über die zu leistenden Maßnahmen, die vertraglich fixiert und jederzeit einklagbar sind, hinaus gefordert, indem sie pflegerische Ziele stets mitbedenkt und entsprechende Handlungen entwirft und sodann in konkrete Handlungen übersetzt. Besprechungen bei Übergaben u.ä. sind in diesem Zusammenhang unerläßlich.

So betrachtet, entstehen für die konkreten Pflegeinterakteure Beteiligungsmöglichkeiten, die die gemeinsame Gestaltung eines Pflegealltags, der nach wie vor Teil des jeweiligen Lebensalltags ist, interessant und anregend für beide Seiten werden läßt. Beide letztendlichen Vertragspartner befinden sich, zunächst unabhängig von biographisch-lebensweltlich geprägten gegenseitigen Wahrnehmungsmustern, auf einer konkreten Handlungsebene. Typische Wahrnehmungen vom dienenden Pflegenden und dem sich bedienen lassenden Bedürftigen lassen sich somit gegen den Kamm bürsten und bieten hinreichend Grund für die Wahrnehmung, letztendlich im konkreten Pflegealltag jeweils Experte/Expertin in eigener Sache zu sein. Die bisherige Abhandlung über das Duschen zeigt dies von Fall zu Fall immer deutlicher. Beiderseitige Fähigkeiten und Fertigkeiten konstruieren am Ende auf der einen Seite den Lebensalltag im Alter und auf der anderen Seite den Berufs- bzw. Arbeitsalltag. Ohne das jeweilige Expertenwissen in eigener Sache käme kein Pflegealltag zustande. Dies sollte bei der Konstruktion von Pflegeleitbildern- und konzepten stets Berücksichtigung finden. Anders herum formuliert, halten sich, wie im Beobachtungsabschnitt zum Krankenstand zu sehen ist, individuelle Absentismusneigungen, vielleicht sogar grippale Infekte u.a.m. einerseits in erträglichen Grenzen. Subjektive Kundenzufriedenheit andererseits, die sich tagtäglich beobachten und spüren läßt, ist nicht nur durch die formelle Aufrechterhaltung eines Pflegevertrages mit Pflegedienst A oder B zum Ausdruck zu bringen.

Abschließend zu dem Beobachtungsausschnitt "Duschen" möchte ich einen Fall vorstellen, durch den deutlich werden soll, daß das Duschen einer älteren Frau, welches mit der Hilfe einer männlichen Pflegekraft durchgeführt werden soll, dieses jedoch offensiv von der Frau abgelehnt wird, ohne daß die Pflegebeziehung nachhaltig gestört wird, sondern im Gegensatz dazu, die Akzeptanz dieses Wunsches das Verhältnis eher zu stärken vermag.

Frau M. wohnt innerhalb dieses Wohnbereichs auf der 4.Etage, hat erkennbar Berliner Wurzeln und verfügt demzufolge über einen ganz eigenen Humor, der die Arbeitsatmosphäre angenehm macht. Ich faßte sehr großes Vertrauen zu ihr. Erzählte die eine oder andere private Episode, so beispielsweise von meiner derzeitigen Lebensabschnittspartnerin. Sie ereiferte sich denn auch und formulierte dazu ihre Meinung, was ihr offenbar zuweilen wichtiger erschien als den Waschvorgang fortzusetzen. Allerdings gab es für sie ein ehernes Gesetz. Sie wollte nicht von einem Mann geduscht werden. Das Waschen ihres Rückens akzeptierte sie, ja sie genoß es sogar. Dies bedeutete für das Arbeiten bzw. das Organisieren derselben, daß in den morgendlichen Besprechungen dafür Sorge zu tragen war, daß eine Frau Frau M. duschte. Dies bedeutete ferner, daß ich in der Folge einen anderen Bewohner übernehmen mußte.

Die Akzeptanz ihres Wunsches führte dazu, daß sie am Ende des Duschvorgangs weitaus zufriedener und ausgeglichener wirkte. Die verbliebenen Pflegeinteraktionen wurden dadurch eher erleichtert. Die Arbeitsatmosphäre war nicht nur wegen des köstlichen Berliner Humors von Frau M. weitgehend entspannt.

Wie in dem Abschnitt "Aufstehen" beschrieben, schlief sie gerne länger. In der Gesamtschau ihrer Wünsche und Vorstellungen am Beispiel des längeren Schlafens und des Delegierens des Duschens an eine Frau, wurde eine wahrnehmbare Zufriedenheit bei Frau M. erzeugt. Sie bedankte sich nicht nur mehrmals, sie beschenkte auch das Personal zur Weihnachtszeit mit einem wirklich guten Tropfen Weißwein. Mit einer weiteren Portion Honig zum Frühstück war es ziemlich einfach, ihr den Tagesbeginn noch ein wenig zu versüßen.

Festzuhalten bleibt, daß die Pflegebeziehung zu Frau M. keineswegs zerbrach. Es entstanden Freiräume und vor allem eine gute Grundstimmung, die das sonstige Arbeiten angenehm machte.

Nicht unerwähnt bleiben soll in diesem Zusammenhang, daß ihr das mehrfache Erscheinen einer Pflegekraft zum Wecken, Rücken waschen, aufräumen, Bett machen, außerordentlich gut gefiel. Hieraus entstanden die o.g. Freiräume für die pflegerische Seite. Diese wiederum ermöglichten es, die relativ hohe Arbeitsdichte zwischen 7 -8 Uhr teilweise aufzulösen, indem eingedenk einzelner Elemente ihres persönliches Lebensstils, einige Arbeiten mühelos in den Vormittag verlegt werden konnte. Auf diese Art des Vorgehens, d.h. daß beide Interakteure ihre Interessen und Vorstellungen aufeinander beziehen und abstimmen, wird deutlich, daß am Herstellen des konkreten Alltags beide Seiten in höchstem Maße partizipiert sind.

Zusammenfassung

Die beschriebenen Fälle im Zusammenhang mit dem Duschvorgang sollten zum Ausdruck bringen, daß der eher trivial anmutenden Erkenntnis, Duschen sei von Fall zu Fall unterschiedlich, eine immense Bedeutung bei der Herstellung und der Ausgestaltung des Lebensalltags auf der Bewohnerseite und des Berufsalltags auf pflegerischer Seite zukommt. Die ebenfalls beschriebenen Beteiligungsformen und die höchst unter-schiedlichen Ausprägungen erzeugen beiderseits in allererster Linie Handlungsspielräume. Diese entstehen insbesondere, wenn die diversen individuellen Vorstellungen des Duschens gezielt geframt werden und zwar über das Mittel der **Verhandlung** und konkreten Aushandlung von gewünschten Duschzeiten bewohnerseits sowie dem Einbringen von Arbeitsmöglichkeiten- und Ressourcen von pflegerischer Seite. Die Pflegekraft wird demzufolge in die Lage versetzt, unterschiedlichste Belastungsformen einer Frühdienstwoche gleichmäßig und eingedenk der eigenen Befindlichkeiten, im Laufe einer Woche zu verteilen. Dies hat u.a. zur Konsequenz, daß das anschließende freie Wochenende nicht ausschließlich zur physischen und psychischen Regeneration genutzt werden muß. Vielmehr besteht die Möglichkeit, eine tägliche und wöchentliche Belastungs- und Entlastungskoordination, weitgehend selbstbestimmt und zeitsouverän zu organisieren. Müßig zu erwähnen, daß dies mehrere Fähigkeiten und Fertigkeiten der Pflegekraft voraussetzt. Ferner ist ein Arbeitsklima und insbesondere eine Führungsarbeit vonnöten, die sich durch professionelles Management auszeichnet. Hierzu gehört beispielsweise das Bestreben, Hierarchien nicht nur formal abzuflachen, sondern diese auch mit Leben auszufüllen, d.h. u.a. autonomes, eigenverantwortliches Arbeiten grundsätzlich zu ermöglichen.

Im folgenden Abschnitt möchte ich durch die Beschreibung, auf drei Wegen einen speziellen Frühdienst zu begehen, deutlich werden lassen, daß die darin enthaltenen Pflegeinteraktionen stets insbesondere über das Medium informeller Verhandlung und Aushandlung weitere Handlungsspielräume schaffen und zwar in arbeitszeitlicher wie in arbeitsinhaltlicher Hinsicht.

3. Drei Gehwege innerhalb eines Frühdienstes

Bevor ich zur unterschiedlichen Darstellung des Frühdienstes gelange, sind einige Spezifika des Frühdienstes dieses Wohnbereichs zu nennen, um ein annäherndes Bild über diesen Dienst zu vermitteln.

Die genannte Zahl von etwa 20-25 pflegebedürftigen Personen im Verhältnis zu insgesamt 60 Bewohnern hat u.a. den Hintergrund, daß ein Inhalt des Mietvertrages besagt, für den Fall von Pflegebedürftigkeit, vereinbarte Leistungskomplexe und pflegebezogene Verrichtungen vor Ort vorzunehmen und auf diesem Wege den selbstgewählten Schritt des Bewohners, der Bewohnerin bzw. Bewohnerpaares zu realisieren, im höheren Lebensalter den letzten Lebensabschnitt in diesem Hause und in dieser Umgebung zu verbringen. Diese Vereinbarung hat neben der Fortsetzung dieser weitestgehenden Selbstbestimmung, inclusive individueller Einrichtungswahl, mindestens zwei weitere Konsequenzen.

Zum einen schwankt die Zahl der pflegebedürftigen Personen in absoluter Hinsicht. Zum anderen verteilt sich die Zahl dieser Personen auf mindestens vier Etagen. Hinzu kommt die Organisation und architektonische Aufteilung von Einzel- und Doppelappartements, wobei jedes Appartement aus mindestens 1 1/2 Zimmern mit Kochzeile und Badezimmer mit einer ungefähren durchschnittlichen Quadratmeterzahl von 35 besteht. Im Eingangsbereich des Wohnbereichs befindet sich allerdings ein Flurabschnitt mit 8 kleineren Einzelzimmern (ohne Kochgelegenheit) mit einer Größe von jeweils 15-20 Quadratmetern. Diese kurzen Illustrationen zur räumlichen Vorstellbarkeit des Wohnbereichs sollen veranschaulichen, daß die Pflegearbeit sich in sehr umfangreichen Laufwegen vollzieht. Ohne wesentliche Übertreibung läßt sich sagen, daß es nicht selten vorkommt, für das Leeren und Reinigen eines Topfstuhls etwa 100 Meter zurücklegen zu müssen.

Unabhängig von der Tatsache, ob eine Pflegekraft nun Examen hat oder nicht, ob sie sportlich veranlagt ist oder nicht, ob groß, ob klein, ob über- oder untergewichtig, ob erste Anzeichen von Bulemie oder das Gegenteil davon festzustellen ist, ist die betreffende Pflegeperson gehalten, mit den eigenen physischen Kräften maßzuhalten und wohl zu überlegen, ob der nächste Gang wirklich sein muß, bzw. sich die in Managementseminaren häufig gestellte Frage vorzulegen, was passiert eigentlich, wenn ich diesen Gang nicht vornehme? Egal, ob nun diese Seminarerkenntnis sinnvoll und tiefschürfend genug erscheint für die individuelle Organisation eines Pflegealltags, nicht nur bezogen auf den hier skizzierten Wohnbereich, verlangen diese räumlichen Voraussetzungen bereits ein ganz persönliches, eigenverantwortliches Zeitmanagement sowohl bezogen auf die frühdienstlichen wie auf die spätdienstlichen Tätigkeiten.

Im folgenden werde ich mit selbsterlebten und erfahrenen Laufwegen des Frühdienstes beginnen. Dabei werde ich mich auf 2 Etagen beschränken, die ich in meiner Schicht (es gab deren zwei) letztendlich schwerpunktmäßig "bearbeitete". Insgesamt waren drei Pflegekräfte und ein bis zwei hauswirtschaftliche Kräfte mit der Organisation, Gestaltung bzw. Erledigung eines Frühdienstes betraut. Es gingen dem Frühdienst morgendliche Besprechungen voraus, insbesondere bezogen auf etagenweise Zuständigkeiten bzw. grund- und behandlungspflegerische Unterschiede, die analog auf Pflegefachkräfte und HelferInnen verteilt wurden. Es kristallisierten sich im Laufe der Zeit anäherungsweise Vorlieben einzelner Pflegekräfte heraus. Unliebsame zu pflegende Personen bedurften einer besonderen Absprache, in kundenorientierter Absicht versteht sich.

Variante 1.

Die im Abschnitt über das Duschen skizzierten pflegebedürftigen Personen sind die Grundlage eines Teiles des Frühdienstes im genannten Wohnbereich. Vorausschicken möchte ich noch, daß die Kollegen/innen andere, d.h. individuelle Varianten gefunden haben, den Frühdienst zu gestalten. Dies unterstreicht letztlich den persönlichen Charakter eines jeweiligen bereits vorhandenen Zeitmanagements.

Am Beginn eines Frühdienstes, der in der Regel am Montag lag, ergab sich übergeordnet für alle Varianten eine Mischung aus Notwendigkeiten und Vorlieben von seiten der pflegebdürftigen Bewohner. Mit Notwendigkeiten sind im allgemeinen Verordnungen von ärztlicher Seite gemeint. Man mag sie für sinnvoll erachten oder auch nicht. Sie gehören zu der Art von Regeln, die unangenehme sanktionsbezogene Folgen nach sich ziehen können, um eines vorwegzunehmen. Nach Ablauf der beobachtenden Teilnahme hatte ich spätestens den Eindruck und zugleich die Hoffnung, daß durch die aufbrechende Pflegeforschung in der Bundesrepublik Deutschland neue Erkenntnisse, Methoden und Verfahren über Zuständigkeiten unterschiedlicher Dienstleistungen "produziert" werden würden und zur Anwendung kämen. Dahinter verbirgt sich kein klassisches Plädoyer für die eine oder andere Placebogabe, sondern die Vorstellung von statusgleichen Dienstleistungsgruppen der o.g. Berufsstände. Für professionelle Vertreter der Individualisierungsthesen sei an dieser Stelle angemerkt, daß der Ausgangspunkt von Analyse und Anwendungsforschung eher in dem Bestehen einer Berufsständegesellschaft zu suchen ist.

Unter Vorlieben der pflegebedürftigen Bewohner/Innen sind etwa Neigungen zu früheren oder späteren Aufstehen gemeint, die Absicht, im Laufe des Vormittags zu lesen oder zum Frühstück rasiert zu sein.

Fr. Ku bekam zu der Zeit der beobachtenden Teilnahme um 7 Uhr eine erste Medikamentengabe. Damit begann jeder Frühdienst auf den Etagen 3 und 4 des Wohnbereichs. Es gibt zur Erreichung dieser Etagen die Möglichkeiten, entweder das Treppenhaus oder die Benutzung eines Fahrstuhls in Erwägung zu ziehen.

Die Appartments dieser pflegebedürftigen Personen befanden sich -Gott sei Dank-auf einem s-förmigen Flur mit einer Länge von etwa 40 Metern.

Eine pflegebedürftige Person wohnte zu der Zeit auf der 4.Etage, die über die beiden genannten Varianten zu erreichen war. Ein Gesamtlaufweg von etwa 70 Metern ist dann zurückzulegen.

Auf die Medikamentengabe folgte in Variante 1 das Wecken, Waschen oder Duschen von Frau K.verabredungsgemäß in der eingangs beschriebenen Form (vgl. dazu den Abschnitt "Duschen") um kurz nach sieben Uhr. Fr. K. rieb ihre Schulter selbst ein. Das Bett hatte ich zuvor auseinandergelegt und lüften lassen. Mit ihr hatte ich dann verabredet, ihr langes Haar vor acht Uhr, also vor dem Frühstück, zu einem Zopf zu flechten. Ich verzichte an dieser Stelle aus Gründen des Selbstschutzes darauf, detaillierte Auskünfte über meine Friseurqualitäten zu geben. Festzuhalten ist dennoch, ich gab mein Bestes.

Gegen 7 Uhr 15 weckte ich H.W., um die beschriebenen arbeitsvorbereitenden Tätigkeiten in seinem Appartment vorzunehmen. Nach dem Waschen und der Pflege seines Rückens verließ ich absprachegemäß (die Absprache traf ich mit ihm) sein Appartment, um Fr. S. zu wecken, ihre Vorlage zu wechseln, ihre Mund- und Zahnpflege vorzubereiten und zu erfrischen. Mit ihr verabredete ich dann den weiteren Gang der Dinge. Wann sie gewaschen werden möchte bzw. das Duschen innerhalb der Woche erfolgen sollte. Nachdem ich einige Minuten später zu H.W. kam, fragte ich ihn das gleiche. Anschließend brachte ich sein Rasierzeug vom Bad ins Zimmer auf einen großen ovalen Tisch. H.W. ging dann etwa zeitgleich mit einer Gehhilfe in das benannte Zimmer. Hier unterstützte ich ihn beim Ankleiden, soweit dies nötig war.

Danach machte ich sein bis dahin gelüftetes Bett, räumte auf und begab mich nach einer kurzen, aber herzlichen Verabschiedung und der Ankündigung des Frühstücks zu Frau M. in die 4. Etage, um sie zu wecken. Sie erzählte zumeist von ihren Träumen und war stets überrascht, daß die Nacht bereits vorüber war. Wie gesagt war sie in der Lage, den Weg ins Bad selbst zu finden. Einige Aufräumarbeiten und vorbereitende Tätigkeiten nahm ich im Anschluß daran vor. Mit Frau M. verabredete ich eine Rückkehrzeit, um ihr dann den Rücken zu waschen und das Bett zu machen, was sie zudem außerordentlich sinnvoll fand.
Diese mehrfachen Gehwege hatten, für sie benutzte ich in der Regel das Treppenhaus, für diese erste Pflegerunde sowohl körperliche als auch mental entspannende Wirkung.

Je nach Absprache mit Frau S. ging ich nach 7 Uhr 30 zum Waschen zu ihr oder aber ich ging zu Frau K., um ihr Kopfhaar zu frisieren. Gelegentlich benötigte Frau Ku. noch Unterstützung beim Waschen ihrer Füße. Ihre Langsamkeit beim Waschen oder Duschen erzeugten eine größere Zeitpore zwischen 7 Uhr und 7 Uhr 40. So ganz genau ließ sich das nie beziffern. Zu reden ist allenfalls von einem Zeitrahmen im Zusammenhang mit nahezu täglich schwankenden Befindlichkeiten, der eigenen wie der der zu pflegenden Personen.

Nach einer kurzen Reflexionsphase auf dem Flur und der stillen Hoffnung bzw. persönlichen Überzeugung nichts und niemanden zu vergessen - stimmt, der Rücken von Frau M. war noch zu waschen- oder verdrängt zu haben, begab ich mich zur eigenen weiteren Entspannung mit dem Fahrstuhl ins Parterre des Wohnbereichs. Dort holte ich den entsprechende Frühstückswagen für die Ebenen 3 und 4 ab, der bis dahin von 1-2 von hauswirtschaftlichen Mitarbeiterinnen im wesentlichen vorbereitet war. Es sei ergänzend gesagt, daß die betreffenden Bewohner, zwischen verschiedenen Getränke- und Speiseformen wählen konnten. Diese relative Wahlfreiheit erforderte zuweilen ungeheure Merkfähigkeiten von seiten des hauswirtschaftlichen Personals.

Mir blieb bis zum Schluß der beobachtenden Teilnahme unklar, wie sich ein einzelner Mensch das alles merken kann und Tag für Tag, in jeweils neuem Gewand, zu reproduzieren vermag.

Nachdem das Frühstück ohne Komplikationen verteilt war, gab es die erste langersehnte Pause, um bei Kaffee o.ä. durchzuatmen und gelegentliche Absprachen zu treffen über die anstehende morgendliche Dienstbesprechung um 9 Uhr in der Räumlichkeit der Heimleiterin. Hier standen sodann jeweilige Abweichungen und Besonderheiten des bisherigen Frühdienstes u.a.m. auf der Tagesordnung.

Der weitere Verlauf des Frühdienstes läßt sich als konisch bezeichnen, d.h. die Tätigkeiten diversifizierten und verbreiterten sich im Laufe des Vormittags. Es waren zum einen punktuelle Nacharbeiten wie beispielsweise Bettenmachen, Abräumen der Frühstückstabletts zu verrichten.

Zum anderen waren vereinbarte Elemente der Leistungskomplexe, wie beispielsweise

- das Bettenbeziehen,

- Reinigungstätigkeiten in Abgrenzung zu den Tätigkeiten des gleichfalls vorhandenen Reinigungsteams, welches ab 8 Uhr 30 seine Arbeit aufnahm,

- weitere Inkontinenzversorgung einzelner der genannten pflegebedürftigen Bewohner sowie

- insbesondere Informationsweitergabe - und verarbeitung an und mit den Kolleginnen über diese Personen u.a.m. zu erledigen.

Es schließen sich bis zum Mittag (13 Uhr) zwei weitere Pflegerunden an, die die o.g. Tätigkeiten beinhalteten und zugleich ein höheres Maß an Absprachen zwischen den Kolleginnen inclusive hauswirtschaftlichem Personal erforderlich machten.

Dieses zeitlich wie aufgabenbezogen verbreiternde Arbeiten bis zum Mittag erlaubte es zudem, eigene Belastungen verschiedenster Form auszugleichen. So gelang es, wenn alles ruhig blieb, beim Bettenmachen mit dem Bewohner oder der Bewohnerin einen Plausch zu halten bzw. auf tägliche Befindlichkeiten näher einzugehen.

Es war also in der Verbindung zwischen den vorhandenen Zeitvorgaben und relativ autonomem Gestaltungsmöglichkeiten der einzelnen Arbeitsinhalte, insbesondere durch das kommunikative Element des Aushandelns mit dem Bewohner oder der Bewohnerin die Möglichkeit gegeben, freie Zeitporen zu schaffen und durch die unterschiedlichen Formen der Tätigkeiten am Menschen und um den Menschen zu einer eigenen entlastenden Funktion am Tag selbst beizutragen. Jeder Frühdiensttag ist auch ein Tag im Leben einer Pflegekraft, ob mit oder ohne Examen.

Die folgende Variante 2, den Frühdienst auf den Etagen 3 und 4 zu begehen, zeigt dieses bezogen auf einen Frühdiensttag in ähnlicher Form auf. Am Ende einer Frühdienstwoche ergibt sich dann ein ideeller Wochenplan für die genannten Etagen, der nicht nur als Vorlage für weitere Frühdienstwochen dient, sondern gleichsam die Lebensqualität der Pflegebedürftigen sowie die der Pflegekraft im Auge hat.

Variante 2

Die Variante 2 den Frühdienst auf den besagten Etagen 3 und 4 zu beginnen bzw. zu gestalten, begann ähnlich wie in Variante 1. Fr. Ku. bekam gegen 7 Uhr ihr Medikament. Danach begab ich mich zu H.W. Er freute sich, so früh "dran zu sein". Es stellte sich im Laufe der Zeit heraus, daß er ein ehemaliger Nachtmensch gewesen war (nach seinen eigenen Worten) und insofern lag die Schlußfolgerung nahe, es sei eigentlich relativ egal, ob er nun um 7Uhr 11 oder 7 Uhr 20 geweckt werden. Wahrscheinlich war eher Eifersucht im Spiele, wenn er annahm, daß andere Mitbewohnerinnen bevorzugt würden.

Die pflegerische Unterstützung für H.W. unterbrach ich mit seinem Einverständnis einmal, und zwar nach dem Waschen seines Rückens. Ich ging dann sowohl zu Frau S. als auch zu Frau M., um beide auf die o.beschriebene und beiderseits liebgewonnene Art zu wecken. Dazu kramte ich meine jeweils beste tägliche Befindlichkeit und Laune heraus und erlebte nicht selten, daß auch oder gerade an sogenannten schlechten Tagen sich die eigene Befindlichkeit besserte, ein Lächeln oder gar ein Lachen aus mir herausbrach. Möchte sagen, neben den physischen und psychischen Belastungsformen, die einen Dienstleistungsalltag "Altenpflege" zu kennzeichnen vermögen, stellte ich für mich einen inneren Ausgleich fest, eine Relativität zu eher als kleinkariert zu bezeichnenden Aufgeregtheiten im Berufs- wie im sonstigen Alltag. Außerordentlich wohltuend waren die Gespräche mit Frau S. Wie gesagt war sie eine ehemalige Lehrerin für Französisch u.a. und wie ich finde, eine ausgezeichnete Pädagogin, die die pädagogischen Blindheiten der deutschen Faschisten und ihrer Gefolgschaft in Ausbildungsstätten überzeugend verarbeitet hatte, d.h. ihre eigene Mitwisserschaft keineswegs leugnete bzw. Missetaten nach ihren Kräften zu unterwandern versuchte.

Die anfangs beschriebenen Lehrerin/Schülerspielereien -so würde ich diese bezeichnen wollen- waren die Grundlage gegenseitiger Akzeptanz, gegenseitigen Respektes und vor allem Ausdruck von gegenseitiger Zuneigung und sogar Liebe. Biologisch selbstverständlich unmöglich, gab es von ihrer Seite und aus verschiedenen Stilen der sprachlichen Darstellung einen mehrfach geäußerten Kinderwunsch. Aus meiner Sicht transformierte oder projezierte sie diesen auf die Freundin meiner Beziehungsgeschichten, von der sie der Meinung war, sie sei die Richtige. Sie bestand schließlich darauf, dieses Kind, das immer noch nicht (vielleicht zum

Redaktionsschluß dieses Buches) geboren ist, in den eigenen Händen zu halten. Frau S. machte keinen Hehl daraus, daß sie einen Jungen bevorzugen würde, der dürfe dann mit ihr machen, was er wolle.

Mir wurde klar, daß die Vorstellung von individueller Entspannung aus selbstangelesenen und selbsterfahrenen oder selbsttherapeutisierenden Unterstützungsmaßnahmen eigentlich gar nicht fruchten kann, solange nicht die Biographie als solche und wie im konkreten Fall geschehen, einbezogen würde in den Pflegealltag. Die eigene Lern-, Arbeits- und sonstwie Biographie würde darin gespiegelt. Am Ende führt dies zu einem beiderseitigen Ausgleich, Lebensinhalte und Prioritäten des jeweiligen Lebens werden sodann Bestandteil einer Pflegebeziehung. Auf diese Weise gelang es Frau S. und mir beispielsweise jeweilige Schulängste, die eben noch nicht wegtherapiert sind und auch nicht werden, weil sie bereits mit guten oder besten Freunden längst auf- und abgearbeitet sind, gleichzeitig gewisse pädagogische Erfahrungen des letzten Jahrhunderts (zusammen bringen wir es locker auf 100 Jahre) auszutauschen. Hierbei machten wir uns nicht selten in selbstironischer Form und selbstverständlich auch in sarkastischer Form über Lehrertum und Besserwisserei her. Es war außerordentlich wohltuend. Die dadurch entstandenen Entspan-nungsmomente waren Geld wert und führten dazu, ohne die pflegerisch notwendigen Verrichtungen und Maßnahmen madig machen zu wollen, diese in keiner Phase maßgebend für unsere Pflegebeziehung waren, einer Pflege eher von Erlebtem und Erlittenem.

Nachdem also Frau S. und Frau M. geweckt waren, kehrte ich zu H.W. zurück, um die bereits beschriebenen pflegerischen Hilfestellungen fortzusetzen bzw. diese für den weiteren Verlauf des Frühdienstes im wesentlichen, d.h. bis auf zwei weitere Pflegerunden, zu beenden.

Es schloß sich das Wecken und Waschen (ohne Duschen) von Frau K. an und zwar in der dargestellten analogen Form mit dem einzigen Unterschied, daß ich ihre Haare gleich im Anschluß an das Waschen und Ankleiden frisierte, das Bett allerdings noch lüften ließ.

Abschließend, d.h. bis zum Ende der ersten Pflegerunde gegen 8 Uhr, wusch ich den Rücken von Frau M. und erledigte kleinere Aufräum- und Reinigungstätigkeiten, bevor ich mich wiederum (ähnlich wie in Variante 1) ins Parterre begab, um den Frühstückswagen mit den bis dahin fertigbestückten Tabletts abholte. Zeitweise war diese eher hauswirtschaftliche Tätigkeit an einen Zivildienstleistenden delegiert, was eine zeitweilige und punktuelle Entlastung für die Pflegenden bedeutete, bzw. die Option enthielt, die vorgenannten Arbeiten mit noch etwas mehr Ruhe durchzuführen. Herausstellen möchte ich an dieser Stelle, daß für die Erkenntnis des Delegierens kein Managementseminar vonnöten gewesen war, sondern die Berufstätigen vor Ort diese Einrichtung in eigener Regie schufen.

Diese Variante 2 schloß jedoch die gelungene Verabredung mit Frau S. ein, daß die Ganzwaschung im Anschluß an das Frühstück erfolgen würde, sie wollte allerdings vorher Mund- und Zahnpflege durchführen und die erste Inkontinenzversorgung hinter sich gebracht haben. Manchmal wollte sie auch keine Mund- und Zahnpflege, was unsere kommunikativen Handlungen nicht zu erschüttern vermochte. Und sie wollte sich bis zur Ganzwaschung erfrischen, was selbstverständlich und würdevoll zugleich ist.

Diese Variante 2 führte zu dem Ergebnis, daß angesprochene Entlastungsformen wirklich wirkten und die eigene Aufmerksamkeit an einem Dienstag- bzw. einem Mittwochmorgen gegenüber einem Montagmorgen annähernd gleichblieb und nach und nach eigene regenerative Anteile bereits im laufenden Frühdienst einer Woche zur Geltung kamen.

Variante 3.

Der Frühdienst nach der dritten Variante begann eben auch mit der Medikamentengabe an Frau Ku. Danach ging ich nicht etwa zu H.W., sondern zu Frau S., um sie zu wecken und um ihr anzubieten, sie im Anschluß an H.W., also etwa gegen 7 Uhr 20 zu waschen. Es gab Tage, an denen sie sofort einverstanden war. Für die anderen Tage gab es dann ja noch die anderen Varianten.

Wenn sie zustimmte, setzte ich diese erste Pflegerunde mit dem Wecken von H.W. fort, blieb sozusagen bei ihm, bis alle erforderlichen Hilfeleistungen gegeben waren und begab mich im Anschluß umgehend zu Frau S., um die Ganzwaschung vorzunehmen. Also wie gesagt, entscheidender für unsere Pflegebeziehung war ehedem das morgendliche Austauschen von Befindlichkeiten als präzise Verrichtungen in der Konsequenz vereinbarter Leistungskomplexe. Selbstverständlich wurden sämtliche pflegerischen Handlungen nach bestem Wissen und Gewissen durchgeführt. Gegen 7 Uhr 30 war dieser Waschvorgang beendet und der Gang setzte sich mit dem Wecken von Frau M. und danach mit dem Wecken, Waschen und Frisieren von Frau K. fort.

Diese Variante beeinhaltete darüberhinaus die Option, H.W. je nach Vereinbarung etwa nach 7Uhr zu duschen. Den weiteren Weg können Sie sich unschwer vorstellen. Vielmehr passierte nicht. Es sei denn, daß sich etwas Unvorgesehenes ereignete.

Das alltägliche Medium der Kommunikation und des Aushandelns von Teilkompromissen führte zu einer engeren Art von persönlicher Verbindung innerhalb der Bewohnerschaft auf den Etagen 3 und 4, die in Pflegesituationen -und rollen involviert waren. Es wurden infolge Grüße übermittelt bzw. übermitteln lassen, aber auch Geschichten und Geschichtchen über einzelne Bewohner erzählt. Allerdings werde ich diese nicht darlegen, weil sie als Geheimnis anvertraut wurden und somit das Gesetz der Verschwiegenheit zum Tragen kommt. Ein anderes Vorgehen würde u.a. beziehungsgefährdend wirken.

Zusammenfassung der Varianten 1-3

Die drei Varianten waren eingehend mit der Wohnbereichsleiterin abgesprochen und in den folgenden Wochen und Monaten setzte ich diese Varianten gezielt ein. Ich erstellte eine Art Rahmenwochenplan für die Frühdienstwoche. Am Ende der vorangegangenen Spätdienstwoche verabredete ich z.T. mit den Bewohnern und Bewohnerinnen sogenannte Rahmendaten, beispielsweise bezogen auf das morgendliche Duschen, wobei ich die Entscheidung über den Zeitpunkt stets der Person selbst überließ. Dennoch zeigten sich in der Folge Handlungsgewohnheiten, feste Duschzeiten, die wiederum die Varianten und weitere Optionen verfestigten.

Diese Entwicklung erlaubte mir, am vierten oder fünften Frühdiensttag bewußt anders zu gehen als an den vorangegangenen Frühdiensttagen. Müßig zu erwähnen ist, daß nicht alles nach Plan ablief. Kein Frühdienst war wie der andere. Diese Varianten ergaben sich z.T. aus gemachten Erfahrungen und führten in den Folgemonaten zu einer gewissen eigenen Gelassenheit, wenn sich mein Blick auf den Dienstplan der kommenden Woche richtete und wenn ein jeweils ähnlicher Ablauf von Früh- und Spätdiensten mehr oder weniger und sinnvollerweise, d.h. ohne nennenswerte Abweichungen festgeschrieben war.

Mein Eindruck war u.a., daß Menschen, ob alt oder jung, unabhängig von Bildungsgrad oder ideologischem Weltbild zu gewohnheitsmäßigem Handeln tendieren. Die verbliebenen Ressourcen zu wecken, gelegentliche Spontaneität und ein Wechsel des Arbeitsablaufes in Maßen sind gleichwohl möglich.

Ich hatte ferner den Eindruck gewonnen, daß die beschriebenen BewohnerInnen mit diesem Prozedere einverstanden waren und sozusagen managementgewendet Kundenorientierung tiefergehender Art zugetan waren, weil alle Leistungskomplexe und Vereinbarungen eingehalten wurden, allerdings nicht selten ohne gegenseitiges Kopfschütteln und ohne wohltuendes Geläster irgendwelcher Verfasser des Pflegeversicherungsgesetzes gegenüber. Kritische Geister innerhalb der Sozialpartner im Hause wurden kaum wahrgenommen. Jedenfalls waren diese während der beiden Jahre der beobachtenden Teilnahme auf den Etagen 3 und 4 nicht gesichtet worden.

Aus der Perspektive als Pflegekraft ohne Examen blieb u.a. die für mich beglückende Erkenntnis, daß eingangs vermutete und tatsächliche Belastungsformen nicht zuletzt durch die ausgeführten Varianten Linderung erfuhren. Von diesem Zeitpunkt an benötigte ich nicht mehr die verbleibende Restzeit am Tag oder am freien Wochenende zur physischen und/oder psychischen Erholung. Es kamen wohltuende Elemente der Kommunikation mit Frau S. aber auch mit den Kolleginnen in den Pausen und zeitlichen Zwischenräumen zusätzlich zum Tragen.

Nicht unerwähnt bleiben soll die wohltuende Wirkung der Mischung aus Arbeiten am und mit dem Menschen und hauswirtschaftlichen Anteilen um den Menschen herum. Des öfteren habe ich beim Bettenmachen entspannen können oder beim Wechseln der Handtücher, dem Reinigen von Nachttischen oder Rollstühlen. Meiner Meinung nach ist für die eigene Befindlichkeit die Mischung aus diesen Tätigkeiten entscheidend und nicht das buchstabengetreue Delegieren von A, B oder C-Tätigkeiten.

4. Spätdienst; das Zubettbringen

Der Verlauf des Frühdienstes im besagten Wohnbereich - das gilt für die Kollegen und Kolleginnen in adäquater Weise - hatte das Charakteristikum, daß die Arbeitsdichte zwischen 7 Uhr-8 Uhr morgens lag und im Anschluß daran, weitere pflegerische und hauswirtschaftliche Anteile der pflegevertraglich vereinbarten Leistungen sich diversifizierten, d.h. breiter auf den Vormittag streuten, so daß ein erhöhter eigener aber auch interkollegialer Absprache- und Koordinierungsbedarf entstand.

Im Spätdienst dieses Wohnbereichs zeigte sich ein ähnlicher Verlauf, nur mit dem wesentlichen Unterschied, daß der Zeitpunkt der höchsten Arbeitsdichte zwischen 18 Uhr 45- 20 Uhr lag.

Vor dem Hintergrund des eigenen Managements von Zeit verbunden mit der Absicht, physische und psychische Belastungsformen in eigener Regie soweit wie möglich zu kompensieren, bzw. gar nicht erst entstehen zu lassen, lag ein anderer Arbeitsstil, d.h. eine bewußte Wahrnehmung des Spätdienstes als gewissermaßen zeitlich umgekehrter Belastungsanforderungen, nahe. Bevor ich jedoch auf die Gestaltung des höchsten Belastungszeitpunktes des Spätdienstes eingehe, möchte ich auf einige bedeutsame Details des Spätdienstes rekurrieren, die für das Verstehen durch die verehrte Leserschaft unerläßlich sind.

Der Spätdienst im Wohnbereich begann um 13 Uhr mit der Übergabe, in der in aller Kürze respektive gebotener Ausführlichkeit, Neuigkeiten und Veränderungen vom Vormittag und gegebenenfalls auch Vortag infolge eines Freitages mitgeteilt bzw. erläutert wurden und in diesem Zusammenhang Handlungsentwürfe der unterschiedlichsten Art besprochen wurden. So wurde beispielsweise eine neue oder veränderte Verordnung für eine Bewohnerin oder einen Bewohner,

Materialbeschaffung- bzw. knappheit, Personalinterna, Arbeitsaufteilung, Besonderheiten für den anstehenden Nachmittag thematisiert. Die pflegerische Unterstützung einiger BewohnerInnen bei der Wahrnehmung und Teilnahme von Veranstaltungen in diesem Kontext war in der Regel vom Sozialen Dienst im Hause organisiert worden, die häufig regen Anteil sowohl der pflegebedürftigen als auch der nichtpflegebedürftigen Bewohner fand.

Relevant für die Gestaltung des Nachmittags bzw. des Spätdienstes waren eben auch Veränderungen der Mahlzeiten. Die Bewohner hatten bei schlechter Befindlichkeit oder aus anderen Gründen die Möglichkeit, die Kaffeemahlzeit oder das Abendessen entweder im eigenen Appartement oder aber in den dafür vorgesehenen und entsprechend für die Mahlzeiten vorbereiteten Speisesäle einzunehmen. Das Wissen darüber, wer nun an welcher Mahlzeit teilnehmen würde, war wichtig für den Beginn des Spätdienstes, der in der Vorbereitung der Kaffeemahlzeit für die Bewohner auf den Zimmern bzw. Appartements lag.

In der Regel wurde der Spätdienst mit zwei pflegerischen Kräften (examiniert und nicht examiniert) und einer hauswirtschaftlichen Kraft bestritten. Er begann sodann bezogen auf die Pflege mit einer Absprache zwischen den Pflegekräften analog zu dem Frühdienst, allerdings mit dem Unterschied, daß die Absprache im Spätdienst zeitlich weitreichender war, d.h. sie reichte bis zur ersten kleinen Pause, etwa gegen 15 Uhr 30.

Ein weiterer Unterschied bestand darin, daß nun weitere Etagen (1 und 2) mit einbezogen wurden, d.h. einzelne Bestellungen bzw. Wünsche sowohl der nichtpflegebedürftigen als auch der pflegebedürftigen Bewohner zu erfüllen waren. Die Bewohner im Speisesaal indes wurden von der hauswirtschaftlichen Kraft versorgt, der eine kleine Küche zur Verteilung und vereinzelten Aufbereitung zur Verfügung stand. Diese Küche verbindet räumlich gesehen, allerdings durch Mauern getrennt, beide

Speiseräume miteinander. Sie war denn auch Zentrum und Anlaufpunkt und gelegentlich sogar Kummerkasten für alles, sie war somit das räumliche und pulsierende Herz des Wohnbereichs. Sie war zudem heimlicher und heimeliger Schutzraum für Pflegekräfte und wurde nicht selten zur inneren Einkehr von diesen genutzt.

Bis zur ersten kleinen Pause etwa gegen 15 Uhr 30 bestand die pflegehelferische Tätigkeit darin, die Kaffee- bzw. Teemahlzeit auf den Etagen 1-4 zu organisieren, d.h. Fertigstellen des Wagens, Servieren der Tabletts und späteres Abräumen. Häufig war Essen zu reichen, so daß die entstandene zeitliche Lücke, die nach dem Servieren entstanden war, damit geschlossen wurde.

Nach dem Abräumen und z.T. Entsorgen der Tabletts im Vorraum der kleinen Wohnbereichsküche im Parterre, schloß sich eine erste Pflegerunde auf den besagten Etagen an. Im wesentlichen ging es um Inkontinenzversorgung der betreffenden pflegebdürftigen BewohnerInnen und Umsorgung durch Materialbeschaffung und gegebenenfalls Auffüllung mit Materialien. Es ging aber auch darum, einem pflegebedürftigen Bewohner Hilfestellungen zu geben, etwa beim Besuch der Fußpflegerin, die im Keller eine Praxis hat. Es ging aber auch darum, nach vorheriger Absprache gemeinsam pflegebedürftige Personen zu versorgen und manchmal auch zu umtüdeln.

Diese Zusammenarbeitsform hatte für alle Beteiligten eine enorme körperliche und mentale Entlastungsfunktion sowohl gegenwärtig, d.h. täglich und zeitlich darüber hinaus, indem der eigene Rücken und zugleich der des Kollegen/der Kollegin geschont wurde, bzw. verschont blieb von irgendwelchen heldenhaft anmutenden Bewegungsverrenkungen.

Im Anschluß an die erste Pause waren sehr unterschiedliche Arbeiten zu verrichten, Notizen zu machen, Dokumentationen, die Entgegennahme von Medikamenten für Bewohner und anderes mehr. Eine nahegelegene Apotheke - in halbjährlichem Wechsel mit einer anderen - lieferte je nach Bestellung nachmittags und auch abends gegen 19 Uhr 30 Medikamente, die nach den üblichen und vorgegebenen Verfahren und Standards im Medikamentenschrank des Dienstzimmers einzuordnen bzw. in einem eigenen Ordner über gelieferte Medikamente einzutragen und gegenzuzeichnen waren.

Bedingt durch die Pflegeversicherung ergab es sich, daß die Zunahme an Schreibarbeit insgesamt und gelegentlich fragwürdig erscheinende Prozeduren quantitativ stark anstiegen. In qualitativer Hinsicht wurde die Absicht, zusätzliche Transparenz zu erzeugen, nicht selten ad absurdum geführt. Eingedenk der Tatsache, daß wertvolle Zeit gestohlen wurde für die aus pflegerischer Sicht sinnvollere Arbeit am und mit dem pflegebedürftigen Menschen. Ausbildungsinhalte zur Altenpflege kommen somit häufig nicht zur Anwendung, wichtige "Humankapitalressourcen" werden sozusagen wegverordnet und zwar über die Köpfe der Pflegeinterakteure hinweg. Nicht unerwähnt bleiben soll jedoch in diesem Zusammenhang die entstandene Einstellung des unbedingten Helfenwollens der meisten beruflichen Pflegeakteure und die damit verbundenen schwierigen Anforderungen des Delegierens von Arbeit, von einzelnen Tätigkeiten. Von großer Bedeutung ist gleichsam die Beobachtung, daß sich das Personal dahingegend weitgehend selbst kontrolliert und selbst schützt. Hierzu mehr im Abschnitt über den Führungsstil.

Um etwa 16 Uhr 45 gab es dann für das Personal eine große Pause, die in der Regel gemeinsam in einem der Speiseräume verbracht wurde. Hierbei wurde geplaudert, etwas gegessen, getrunken, sich erholt von bisherigen Tätigkeiten. Auch am Ende dieser Pause wurde der weitere Fortgang der Arbeit, die personelle Aufteilung u.a.m. besprochen. Die Arbeitsunterbrechung wurde nicht selten durch Telefonate, die von außen im Wohnbereich ankamen, gestört. Zudem waren sie für den Wohnbereich eben relativ bis völlig nutzlos. Es wäre für die Zukunft wichtig, um die Qualität von Pausen für das Personal zu verbessern, diesen Zustand hausintern zu korrigieren.

Der Spätdienst wurde fortgesetzt durch das Vorbereiten und Servieren des Abendessens, welches en gros in der Großküche fertiggestellt worden war, und den Bewohnern in dem Speiseraum für das Abendessen sowie den Bewohnern, die beabsichtigten, das Abendessen im Appartement einzunehmen bzw. wegen des Grades der Pflegebedürftigkeit dort dargereicht werden mußte.

In der Regel waren es bis zu 7 Tabletts, die für das Abendessen der Bewohner und Bewohnerinnen auf den Etagen 1-4 bereitet werden mußten, mit all den unterschiedlichen individuellen Wünschen an Brot, Auflage oder Teezubereitungsformen und -unterformen. Ein überzeugendes Ja zur Dienstleistung ist in diesem Zusammenhang seit langer Zeit selbstredend.

Auffallend war im Umkehrschluß, daß die abendessenden Personen des Speiseraums dieses Wohnbereichs hierdurch eine tägliche Gemeinschaftlichkeit innerhalb der Bewohnerschaft und gelegentlichen bzw. regelmäßigen Besuchern erzeugten.

Bevor ich zum zentralen Abschnitt des Zu-Bett-Bringens übergehe, möchte ich folgendes zusammenfassend festhalten.

Der Spätdienst mit seinen unterschiedlichen Anforderungen, insbesondere zu denen am Beginn des Frühdienstes, erforderte ein höheres Maß an Absprachen. Der Beginn war in besonderer Weise durch interkollegiale Koordination und Organisation geprägt. Die Phase des Zu-Bett-Bringens dauerte insgesamt 3 Stunden und bedeutete eine große räumliche Trennung voneinander, aber auch jeweils von der hauswirtschaftlichen Kraft.

Insgesamt erlaubte der Spätdienst bis zum Ende des Abendessens der Bewohnerschaft, den einen oder anderen Plausch halten, das Eingehen kleinerer Begehrlichkeiten der Bewohner und Bewohnerinnen, besondere Unterstützungsleistungen, aber auch Vorarbeiten und damit verbundene Entlastungen der jeweils anderen Schicht im Frühdienst. Dies gilt sowohl für den pflegerischen als auch für den hauswirtschaftlichen Anteil der zu verrichtenden personenbezogenen Dienstleistungsarbeiten.

Eingedenk der belastungsmäßigen Kontraste im Frühdienst gegenüber dem Spätdienst, entstand die Absicht auf Seiten des diensthabenden Personals und der Bewohnerschaft, informelle Kommunikationseinheiten und auch zufällig zustandegekommene Gespräche zu genießen. Sie wirkten u.a. wohltuend auf die eigene tägliche, derzeitige Befindlichkeit, daß spezifische Belastungsformen aus dem Frühdienst, insbesondere in physischer Hinsicht relativ bedeutungslos erschienen.

Dies führte nicht selten zu der Erlenntnis, den Schwerpunkt der Arbeit im Spätdienst anders zu legen, d.h. pflegerische Tätigkeiten wie beispielsweise die Mobilisierung und Kommunikation mit pflegebedürftigen Personen des Wohnbereichs verstärkt am Nachmittag vorzunehmen und durchzuführen. "Verstärkt" bedeutet gleichsam, daß derartige Tätigkeiten durchaus auch im Frühdienst durchgeführt werden konnten. Häufig waren diese jedoch kaum auszuführen und zwar aus den unterschiedlichsten Gründen. Ich werde im Abschnitt über "Arbeitsinhalte" näher darauf eingehen.

In der Gesamtschau galt es, konkret für den Dienst am Nachmittag und Abend, mit den Kräften bis zum Abend zu haushalten, denn das Zu-Bett-Bringen erforderte ceteris paribus eine wohlüberlegte Vorgehensweise, um alle kleineren und größeren pflegebezogenen und hauswirtschaftlichen Tätigkeiten zum Wohle des Bewohners/der

Bewohnerin auszuführen und sich selbst nicht unnötig zwischen den Ebenen 1-4 zu verzetteln.
In durchaus legitimer, egoistischer Weise galt es, auch an den eigenen wohlverdienten Dienstschluß zu denken, der nicht unbedingt und ausschließlich auf der heimischen Couch oder in der Badewanne zur physischen oder sonstwie Regeneration genutzt werden sollte.

Es war allerdrings nicht jeder Spätdienst gleich dem anderen oder dem nächsten, sondern es gab Ähnlichkeiten, Gewohnheiten, Unerwartetes, die Bewohnerschaft betreffend. Kurze Gespräche mit nichtpflegebedürftigen Bewohnern auf den Fluren, beim Essen kollabierende Personen, die von da an absoluten und selbstverständlichen Vorrang erhielten und nicht selten einmal entworfene oder geplante und bewährte Gehwege "durchkreuzten".

Mein Eindruck war, und zwar nicht erst zum Ende meiner teilnehmenden Beobachtung, daß Pflegekräften und auch hauswirtschaftlichen Kräften mit ihren langjährigen Erfahrungen, Flexibilität und Mobilität, d.h. die Fähigkeit sowohl spontan-kreativ als auch vernetzt zu denken, unabhängig von sogenannten Modernität verheißenden Managementmethoden, zu eigen ist. Die Außenwahrnehmung durch Berater verschiedenster Herkunft erscheint indes durchweg fremdbestimmt und unterliegt häufig genug Vorurteilen, vorschnellen Kommentaren und verfestigten Unterstellungen in Gestalt unmoderner Arbeits- und Einstellungsweisen der genannten Berufsgruppen.

Zu Beginn des letzten großen Abschnittes eines Dienstes am Nachmittag und am Abend trafen die jeweiligen Pflegekräfte kurze, präzise Absprachen - wenn dies nicht bereits in der großen Pause geschehen war - über die Aufteilung der Arbeit und ungefährer Zeitpunkte, um gegebenenfalls erreichbar sein zu können.

Er begann speziell auf den Etagen 1-4 mit dem Abräumen des Abendessenwagens und der teilweisen Entsorgung im Vorraum der Wohnbereichsküche zur Entlastung der hauswirtschaftlichen Kraft. Denn hier entstand ebenfalls durch das Abendessen im entsprechenden Speiseraum eine starke Arbeitsdichte und Hochphase an Konzentration für das hiesige Personal.

Im Laufe der Zeit und eingedenk einiger pflegebezogener Veränderungen auf den genannten Etagen ergab sich eine Struktur "variabler Regelbreite" und Gestaltungsoptionen, die sowohl Kundenzufriedenheiten und einen qualitativen Dienstschluß im Auge hatten.

Zunächst einmal ist vorauszuschicken, daß sich die Zu-Bett-Geh-Zeiten der pflegebedürftigen, d.h. pflegebedürftig eingestuften Bewohner und Bewohnerinnen im Sommer gegenüber dem Winter unterschieden. In Zeiten von Sommer und damit verbundener längerer Helligkeitsphasen "verzögerten" sich die individuellen Zeiten des Zu-Bett-Gehens. Ich möchte an dieser Stelle darauf verzichten, präzise Zeitangaben zu machen. Sie variierten zu stark und waren geprägt durch individuell unterschiedliche Langsamkeiten der betreffenden Bewohner. Es sprach zunehmend mehr dafür, den Rahmenzeitplan des Abendessens zu flexibilisieren, zu deregulieren. Das würde die Bedürfnisse der pflegebedürftigen Bewohner und Bewohnerinnen nach Kommunikation und Muße vor, während und nach den Mahlzeiten fördern. Ich werde im Abschnitt "Kommunikation" darauf näher eingehen.

Im Winter und auch schon im Herbst zeigte sich bewohnerübergreifend das Bedürfnis, möglichst früh zu Bett gehen zu wollen. Einige Personen konnten gar nicht früh genug zu Bett gebracht werden. Aus diesen unterschiedlichen Biorhythmen oder sozialbiographischen Gewohnheiten entstanden reichhaltige und gestaltbare Vorgaben, um der Arbeitsdichte in der genannten Zeit zwischen 16 uhr 45 und 20 Uhr habhaft zu werden.

Vorausschicken möchte ich ferner, daß alle pflegebedürftigen Personen des Frühdienstes am Dienst sowohl des Nachmittags als auch des Abends involviert waren. Es waren leichte, gelegentlich intensivere Leistungen an und mit den Personen zu erbringen und eben auch Leistungen um den konkreten Menschen herum, bzw. ihn oder sie am Rande betreffend.

Diese Unterschiede in der Zeitwahrnehmung und der Pflegebedürftigkeit erlaubten Vereinbarungen zwischen dem Bewohner/der Bewohnerin und der Pflegekraft über arbeitsvorbereitende Tätigkeiten ohne physische Anwesenheit der zu pflegenden Person.

Es kamen etagenbedingt für den Abend allerdings noch weitere pflegebedürftige Personen hinzu. So etwa ein Geschwisterpaar (Schwestern) auf der ersten Etage, die pflegerisch und hauswirtschaftlich sehr aufwendig waren. Eine Gesamtarbeitszeit von nicht selten 45 Minuten für beide Personen war vonnöten, um wirklich auf alles Notwendige einzugehen. D.h. Inkontinenzversorgung, Beachten der verbliebenen, z.T. wiedererlangten Ressourcen nach Fraktureignis, Akzeptanz individueller Langsamkeiten und gegebenenfalls das Eingehen auf diverse Wünsche, wie beispielsweise das Einschalten des Fernsehgerätes, das Zuziehen des Vorhangs usw.

Auf derselben Etage waren in einem Appartement das Bett und der Nachtstuhl zu präparieren. Die hier wohnende, fast 90 Jahre alte Dame hatte eine ganz eigene Vorstellung, bzw. bewährte Methode des Bettmachens. Diese half ihr, selbständig und in eigener zeitlicher und technischer Regie mit dem Zudecken zurecht zu kommen.

Auf der 2.Etage war etwa 10 Minuten lang eine Frau zu Bett zu bringen, was bedeutete Inkontinenzversorgung, Präparieren ihres Bettes, Vorbereitung der Mund-

und Zahnpflege, deren Durchführung sie später übernahm und das Umkleiden für die Nacht.

Es kam nicht selten zu kurzen Gesprächen über Biographisches. Erinnerungen waren überhaupt ein wichtiges kommunikatives Element und Aufhänger oder Begehren nach dem Wunsch, Gehör zu finden.

Eine weitere hochbetagte Dame ging in der Regel gegen 19 Uhr in ihr Appartement. Dort wartete sie darauf, daß man ihr die orthopädischen Strümpfe auszog. Ansonsten entstand auch hier ein Small Talk mit gelegentlichem Tiefgang, manchmal aus alter Lehrerinnenmanier, manchmal aus echter Betroffenheit, weil sie Schreckliches geträumt hatte, was sie den ganzen Tag beschäftigte. Sie verstand es aber durchaus, die Belastbarkeit und aktuelle Befindlichkeit einer Pflegekraft zu erkennen und zu akzeptieren. Diese Fähigkeit erleichterte vieles und es war sogleich möglich, etwa innezuhalten, ihr zuzuhören oder aber sich freundlichst zu empfehlen bis zum nächsten Tag.

Die Leistungen einer wie auch immer finanzierten Pflegeversicherung bedürfen dringend der Überarbeitung mit der Stoßrichtung, den tatsächlichen, individuell höchst unterschiedlichen Wünschen und Begehrlichkeiten nicht nur älterer oder hochbetagter Personen gerecht zu werden. Erst dann kann aus meiner Sicht über Qualitätsstandards diskutiert werden. Warum ist das Überdenken der eigenen Täterrolle im Nationalsozialismus kein Qualitätskriterium für die Pflege der Alten?

Es ist mit Blick auf die Arbeitsablauforganisation im Spätdienst auf den beschriebenen Etagen festzuhalten, daß arbeitsvorbereitende, d.h. die Pflege betreffende Tätigkeiten von Arbeiten direkt an der jeweiligen Person zu isolieren sind. Für diesen Wohnbereich und der damit verbundenen räumlichen und baulichen Anordnung des Hauses (dies gilt gewiß für andere Wohnbereiche anderer Träger gleichermaßen) ist diese gedankliche und organisatorische Trennung von immenser Bedeutung. Denn sie erlaubt eine weitere Diversifizierung und Entflechtung von Arbeitsdichte, insbesondere von physischen Belastungselementen, wie etwa unnötiger, anstrengender Laufarbeit bezogen auf vier Etagen.

Festzuhalten sei, daß eine Pro-Kopftrennung unsinnig ist, es sei denn, es kollabieren zwei Personen gleichzeitig. Die Mischung aus Tätigkeiten am Menschen und denen um den Menschen herum machen meiner Meinung nach gerade die entlastende Wirkung für beide Seiten der Pflegeinteraktion aus. Diese Erkenntnis verstärkte sich noch zusehends,als die Zeit zwischen 18 Uhr 45 und 20 Uhr 15 mit der mutmaßlich größten Arbeitsdichte des Spätdienstes zu gestalten war.

Zu Beginn der teilnehmenden Beobachtung galt das ungeschriebene Motto, diesen Zeitraum mit seinen unterschiedlichen pflegerischen und hauswirtschaftlichen Anforderungen so gut wie möglich gemeinsam durchzustehen. Ich habe die gesamte Zeit keine größere arbeitnehmerseitige Solidarität erlebt. Es mag zwar zugegebenermaßen eine berufsbiographische Umbruchsituation der Altenpflege mit sozialwissenschaftlich diagnostizierter Individualisierung zu konstatieren sein, aber sie hat durchweg, jedenfalls in dem Erlebnis dieses Wohnbereichs Gemeinwesenorientierung. Diese soziale Kollegenstruktur war durchweg von informellen Gesprächen geprägt, mit der Funktion, die jeweils eigene Arbeit und den damit verbundenen Arbeitsstil durch brauchbare Tips der erfahreneren Mitarbeiter anzureichern.

Aus dem "Abgleich" jeweiliger Erfahrungen erwuchs im Laufe der Zeit ein Fundus bewährter Umgehensweisen und Vorgehensweisen, beispielsweise bezogen auf einzelne Bewohner und Bewohnerinnen.

Es ergab sich mithin - wie o.kurz angedeutet - eine Aufteilung zwischen Arbeiten am Menschen und Arbeiten um den Menschen herum. Die genannte Arbeitsdichte begann mit einer präzisen Vorüberlegung, wie vorzugehen sein würde. Nach einigen Absprachen mit einzelnen Bewohnerinnen während des Abendessens im entsprechenden Speiseraum, das um ca. 18 Uhr begann, deren Appartements betreten zu dürfen, um im wesentlichen arbeitsvorbereitende Tätigkeiten durchzuführen bzw. die vertraglich vereinbarten Leistungskomplexe ohne physische Anwesenheit der betreffenden Person verrichten zu können. Hieraus ergab sich eine unglaubliche, d.h. körperliche Entlastung und ließ die Hektik gar nicht aufkommen. Manchmal wurde es hektisch, aber es führten in der Regel unvorgesehene Ereignisse dazu.

Die genannten Tätigkeiten um den Menschen herum, betrafen eine Person auf der 1.Etage, zwei Personen auf der 2.Etage, weitere zwei Personen auf der 3. und schließlich eine Person auf der 4.Etage. Es handelt sich um die beschriebenen Tätigkeiten wie beispielsweise Inkontinenzvorbereitungen, Betten aufschlagen, das Lüften des Schlafraumes auf Wunsch u.a.m.

Es besteht zudem die Möglichkeit, hierbei mehrere Gehwege in Erwägung zu ziehen. Z.B. mit dem Fahrstuhl in die 4.Etage zu fahren, um mit den vorbereitenden Arbeiten bei Frau M. anzufangen, die Fortsetzung der Arbeit über das Appartement von H.W. zu suchen und im Anschluß bei Frau K. fortzufahren, um danach die genannten Personen in der Folge der Etagen 2 und 1 leichten Fußes über das Treppenhaus aufzusuchen und vorzuversorgen. Der umgekehrte Weg beginnt -wie nicht anders zu erwarten - auf der 1.Etage und endet auf der 4.Etage.

Eingerahmt ist dieser selbstgewählte Arbeitsabschnitt durch das Abendessen in den einzelnen Appartements der Etagen 1 und 3. Für gewöhnlich bekamen zumindest das Geschwisterpaar auf der 1.Etage, Frau K. und Frau W. auf der 3.Etage das Abendessen serviert.

Es zeigten sich bewohnerseits unterschiedliche Eßgewohnheiten, Vorlieben und Abneigungen bestimmter Speisen und Getränke gegenüber, aber auch so etwas wie Langsamkeiten, Verschlingen von Mahlzeiten, so daß es nach einiger Beobachtung nahelag, die eigene Pflegearbeit diesen Gewohnheiten des Essens als Teil des Lebensstils der betreffenden Bewohner und Bewohnerinnen selbst und nicht erst dem alten Menschen "anzupassen"und als Gegenstand bzw. Ausgangspunkt für die eigene Fortsetzung der Pflegearbeit zu nutzen.

Das Geschwisterpaar aß für gewöhnlich am schnellsten von allen (in Nuancen), so daß am Ende der vorbereitenden Tätigkeiten das Abräumen des Abendessentabletts hier beginnen konnte. Es schlossen sich die vereinbarten Leistungen direkt an, die in ihrer konkreten Ausgestaltung täglich unterschiedlich ausfielen.

Je nach Fernsehprogramm und täglicher Befindlichkeit überraschte Fr.K. mit enorm frühem oder spätem Zu-Bett-Gehen. Im letzten halben Jahr der teilnehmenden Beobachtung bekam Fr.K. morgens wie abends ein etwa 20-minütiges Fußbad, so daß hierfür im Anschluß an Frühstück oder Abendessen diesbezügliche Vorbereitungen und die Umsetzung zu leisten waren.

Die wohltuende Wirkung dieser Fußbäder, dies war ihren Äußerungen durchaus zu entnehmen, aber auch die Tatsache, daß eine Versenöffnung infolge eines Krankenhausaufenthaltes sich weitgehend schloß, waren für beide Seiten zusätzliche Motivation und Anreiz, die Konzentration hierauf zu erhöhen. Schließlich wurde diese Durchführung zu einem Schwerpunkt im Spätdienst auf den Etagen 1-4.

Weitere Motivation und auch Spaß ergab sich während der Arbeit am Menschen mit Frau W., nachdem diese ihr Abendessen zu sich genommen hatte. Nicht selten führte diese spätdienstliche Entwicklung zu einer eigenen Qualität und kompensierte auf leichte Art und Weise diverse Nörgeleien bzw. berechtigte Kritik am Abendessen selbst.

Je nach Entwicklung wurde der Abendessenwagen gegen 19 Uhr in die Küche des Wohnbereichs gefahren, damit die hauswirtschaftliche Kraft entlastet wurde und ebenfalls einem angenehmen Dienstschluß entgegensehen konnte.

Nicht unerwähnt bleiben soll das zwischenzeitliche Begleiten der Personen auf den Etagen 2 und 4. Die damit verbundene Geharbeit hatte die angenehme Nebenfolge, daß pflegebedürftige sowie nichtpflegebedürftige Bewohner, die vom Abendessen zurückkehrten, angetroffen wurden. Auf diese Weise entstand eine sehr angenehme Vertrautheit gegenüber den Bewohnern und Bewohnerinnen insgesamt.

Diese beschriebene Strukturierung des Dienstes am Nachmittag und am Abend ergab in arbeitsinhaltlicher Hinsicht ein sehr erfreuliches Resultat. Es überwogen eindeutig motivations- sowie kommunikationsbezogene Anteile von Arbeit, was in der Zusammenschau mit eher typischen Arbeiten des Frühdienstes ein Gefühl der Ausgewogenheit, der Gelassenheit und der inneren Freude über das Erreichen mehrerer unterschiedlicher Ziele von Altenpflege bzw. des Helfens in der Altenpflege erzeugte.

Strukturiertes und flexibles Arbeiten, das in erster Linie am Menschen orientiert ist, bezweckt einen positiven Aspekt von Befindlichkeit auf Seiten der jeweiligen Pflegekraft. Die Kollegen und Kolleginnen des Wohnbereichs kamen zu ähnlichen Ergebnissen, schließlich gaben sie aus ihren eigenen Erfahrungen abgeleitet brauchbare Tips weiter.

Die angestrebte Entlastungsfunktion durch die Strukturierung und Gestaltung von Arbeit bezog sich somit nicht nur auf die Prävention somatisch unangenehmer

Beanspruchungen und deren Folgen, sondern schloß den intrinsischen Bereich der Bedürfnisbefriedigung der Pflegekraft mit ein, in dem die sichtbar erreichten Pflegeziele Erfolg darstellten.

Diese Erkenntnisse - gewiß nicht revolutionär neu - gilt es, in gelegentlichen formellen wie informellen Reflexionsphasen abzurufen und sich auf diesem Wege zu verdeutlichen, am Ende eines Früh- und Spätdienstkomplexes (nach 10 Arbeitstagen) unglaublich viel geleistet zu haben und zwar im Team. Ein heroisch kämpfender Pfleger erreicht nicht annähernd dieses Ergebnis.

Im folgenden möchte ich auf den besonderen Aspekt von Arbeitszeitlage und personalmäßiger Andersartigkeit eingehen, dem Dienst am Wochenende. Hierbei werde ich mich auf den Dienst mit H.und G. als Beschreibung beschränken. Aufzuzeigen ist analog zu den Abhandlungen zum Früh- und Spätdienst, die kommunikative und tatsächliche Partizipation, die soziale Reduktion von extremen Belastungen. Beginnen werde ich mit der Personenbeschreibung von H. und G.

5. Dienst am Wochenende

Die bereits als klassisch zu bezeichnende Bemängelung des Personalbestandes, bzw. der Personalbesetzung an einem Frühdienstwochenende gilt natürlich auch für diesen Wohnbereich, aber es wird zu zeigen sein, daß die Gewohnheiten der pflegebedürftigen wie der nichtpflegebedürftigen Personen die Grundlage bilden, um auch dieses Anforderungsprofil adäquat erfüllen zu können. Es gab am Ende der beobachtenden Zeit die Erkenntnis, daß die Kopfzahl nicht entscheidend sein würde für die erfolgreiche, soll heißen kundenorientierte und berufsbezogene Zielerreichungsmotive.

Stattdessen stand am Ende die Einsicht und Überzeugung unter den Kolleginnen, durch Absprachen eine vernetzte Kommunikationsstruktur zu schaffen, die die Sicherung und gegebenenfalls sogar die Gestaltung der zu leistenden Arbeiten im Auge hat.

Die personelle Besetzung am Frühdienstwochenende im Wohnbereich bestand in der Regel aus 2 Pflegekräften, einer examinierten und einer helfenden Kraft sowie aus einer hauswirtschaftlichen Kraft. Die konkrete Besetzung, von der im folgenden die Rede sein wird, setzte sich aus H.H. für den Part der examinierten Pflegekraft und Frau G. für den hauswirtschaftlichen Bereich zusammen. Sie begann um 7 Uhr mit den Vorbereitungen für das Frühstück der Bewohner, die im entsprechenden Speiseraum die erste Mahlzeit des Tages einnehmen würden. Hinzu kamen erste "Verrichtungen" für die Frühstückstabletts in Gestalt von Tropfen der Etagen 1-4 sowie derjenigen Bewohnerinnen im Flurbereich im Parterre.

Zuvor, also so gegen 6 Uhr 10 trafen sich die diensthabenden Pflegekräfte vor dem Dienstzimmer, um in einer Möbelsitzgruppe im Vorraum des Dienstzimmers und bei Kaffee o.ä. erste Befindlichkeiten des Tages zu besprechen. Befindlichkeiten der Bewohner und die eigenen. Insbesondere ging es zunächst um Geschehnisse aus dem Nachtdienst und Ergebnissen aus diesem Dienstabschnitt.

Ich hatte im Laufe der beobachtenden Teilnahme an zwei Tagen die Gelegenheit, diesen Nachtdienst ein wenig kennenzulernen. Allerdings erscheinen mir die Erfahrungen daraus nicht ausreichend, um irgendwelche Aussagen machen zu können bzw. bahnbrechende Erkenntnisse zum Besten zu geben. Ich war froh und glücklich, der Müdigkeit in diesen beiden Tagen einigermaßen Herr meiner Sinne zu werden.

Den Inhalten aus der Nacht schlossen sich Absprachen über die konkrete Vorgehensweise im Frühdienst an. Grundlagen waren zunächst die Aufteilung nach Qualifikationsmerkmalen. Im wesentlichen waren dies grund- und behandlungspflegerische Unterschiede, die entsprechend der Qualifikationen vorbesprochen und zugeteilt wurden.

Anfangs war es sinnvoll, einen Laufzettel, eine Art Checkliste zu erstellen, um nichts und niemanden zu verdrängen oder zu vergessen, bzw. den Überblick zu bewahren. Die bis dahin erworbene Routine aus werktäglichen Frühdiensten war nahezu obsolet geworden für den Frühdienst am Wochende. Allerdings waren die gemachten Erfahrungen aus den unterschiedlichsten Gehwegen außerordentlich hilfreich. Eher galt es, die entstandenen und erworbenen Routinen neu zusammenzusetzen.

Wenn ich eingangs von dem Gewinn durch das Wissen der Gewohnheiten der pflegebedürftigen und der nichtpflegebedürftigen Bewohner sprach, so meine ich zunächst damit, daß mutmaßlich aus "alten" Wochendgewohnheiten der Bewohner eine Art samstägliche sowie eine sonntägliche Ruhe einkehrte, bzw. festzustellen war.

Es war entspannend und erstaunlich, wie z.T. spielerisch die Arbeit am Wochenende gelang. Es klappte immer "irgendwie" und dafür gab es gute Gründe.

Im Vorfeld über die Abhandlung des konkreten Frühdienstes möchte ich noch kurz auf die Besonderheit, nicht Einzigartigkeit, einer männlichen Kollegenschaft "Pflege" hinweisen. Es war vergleichsweise unkompliziert und leichtfüßig gegenüber einem Arbeitsstil, den ich eher mit Kolleginnen erlebte. Es geht hierbei keineswegs um besser oder schlechter, sondern gemeint ist die Andersartigkeit des Stils, des Umgehens mit höheren Anforderungen.

H.H. ist zum Zeitpunkt der Beobachtung 40 Jahre alt und ein sehr umgänglicher, redseliger und emotionaler Mensch, ein Mann, der seine Gefühle und Befindlichkeiten auch mitzuteilen vermag.

Frau G. war zu dem Zeitpunkt etwa 55 Jahre alt. Sie war die wirkliche Seele der Küche im Wohnbereich. Einige Monate vor Ende der Beobachtung erlag sie einem längeren Krebsleiden. Sie hinterließ einen behinderten Sohn, der in seinem 30.Lebensjahr noch bei ihr wohnte und für Frau G. neben den beruflichen und dienstlichen Belastungssituationen, eine chronische Dauerbelastung im privaten Bereich bedeutete. Allerdings bemerkte man lange nichts von ihrem körperlichen Leiden, sie wußte es selbst lange Zeit nicht.

Nachdem wir uns denn zu Beginn des Frühdienstes abgesprochen hatten, stellte H.H. den Musiksender ein, den Frau G. am liebsten hörte. Danach begaben wir uns auf unsere "Pflegeplätze" und begannen gegen 6 Uhr 40 mit den konkreten pflegerischen Maßnahmen.

In der Regel bedeutete dies, daß ich die Etagen 1-4 zu bearbeiten hatte, was für die Erledigung bzw. die Gestaltung des Frühdienstes ein Höchstmaß an Konzentration erforderte. Es galt genau zu durchdenken, wer, wann und warum zuerst, als zweite, als dritte Person usw. zu versorgen sein würde. Wie gesagt, half bei der Entscheidung die eigene Erfahrung vorangegangener Monate, in denen gewisse notwendige Routinen eingeübt wurden und dabei die erlebten und beschriebenen Gewohnheiten gezielt in den Arbeitsablauf einzubeziehen. Den Frühdienst auf den Etagen 3-4 schilderte ich ja bereits.

Die gemeinsame Erkenntnis innerhalb der Kollegenschaft, daß das Wochenende bekanntermaßen mit einer geringeren Personalbesetzung ausgestattet ist und das jeweils eigene Handeln der Bewohnerschaft an Samstagen und Sonntagen, sozialisiert aus vielen, vielen Wochenenden in der Vergangenheit, lieferte die Grundlage für Gestaltungsspielräume.

Auf der Etage 2 war u.a. Frau B. mit unterschiedlichen Unterstützungsleistungen zu versorgen. Angefangen mit der Hilfe zum morgendlichen Aufstehen aus dem Bett, dem Reinigen des Topfstuhls, dem Lüftenlassen ihres Bettes bzw. der beiden Zimmer insgesamt.

Verbunden mit einem begleitenden Dialog mit Frau B. fuhr ich sie ins Badezimmer, wo sie sich nach einer kurzen, manchmal auch längeren Besinnungsphase auf den Tag einstimmte. Sie war überwiegend zum Scherzen aufgelegt, ihre familiäre Beziehung zum Vereinigten Königreich, in dem ihre Tochter und Enkelin leben, erlaubten sogar derben schwarzen Humor, der der mühesam erworbenen Lust der Deutschen an Selbstironie meist überlegen ist und weitaus eher in die Lage versetzt, verregnete Bremer Tage am besten gar nicht wahrzunehmen. Manchmal, aber wirklich nur manchmal, war auch noch Zeit, um der einen oder anderen britischen Episode oder Geschichtchen aus dem real existierenden Königshaus, aber eben auch der eigenen (Lebens) Geschichte in Gestalt rückblickender Wahrnehmung und vor allem Reinterpretation erlebter und erlittener Abschnitte zuzuhören, soweit die Zeit dies zuließ und die eigene Lust dazu bestand.

Für Frau B. benötigte man 20-30 Minuten. In der letzten Phase der Beobachtung stieg der Bedarf eher über 30 Minuten. "Ohne Quatschen", wenn Sie mir diesen zynischen gemeinten Kurzkommentar erlauben. Sie wurde später nach mehreren vergeblichen Versuchen in die längst wohlverdiente Pflegestufe II. eingeordnet. Irgendwann versagte eben ihr schauspielerisches, gelegentlich bühnenreifes Talent und gab uns weitere Ressourcen, um sie nach wie vor zum Reden und zum Leben zu erhalten. Sie wollte noch gar nicht "gehen" und wir wollten es schließlich auch nicht.

Die äußerst interessante Mixtour aus gutachterlichen Stellungnahmen, mal von Ärzten, mal von Pflegekräften, tat dem letztlich keinen Abbruch. Sie stellten indes einen größeren Perspektivenreichtum dar.

Frau B. konnte immer noch einiges eigenständig. Die Mund- und Zahnpflege beispielsweise konnte man getrost ihr überlassen. Dies und ihre Fähigkeit der würdevollen Selbstwahrnehmung machten es möglich, daß sie das Waschen ihrer Intimbereiche in Gegenwart eines männlichen Wesens wohl lieber selbst in die Hand nahm. Aus genau dieser Eigenständigkeit entstand für die jeweilige Pflegekraft eine kurze Unterbrechung von etwa 5 Minuten, die für andere Aufgaben zu nutzen waren.

Ihre Schlafgewohnheiten deuteten auf einen eher etwas späteren Tagesbeginn hin.

Das Geschwisterpaar Dr. war da ganz anders. Die ältere Schwester der beiden bekam eine Ganzwaschung im Bette, ihre jüngere Schwester eine Teilwaschung im Bad. Hinzu kommen all die arbeitsvor- und nachbereitenden Tätigkeiten zuzüglich der üblichen reproduktiven, d.h. hauswirtschaftliches Zuarbeiten. Dem geneigten Leser und Praktiker möchte ich nicht unnötig langweilen, weil sich gewisse Tätigkeiten eben doch ähneln oder gar wiederholen. Zu erwähnen ist dennoch die Tatsache, daß beide extreme Frühaufsteher sind. Das gilt sowohl für ehemals erworbene Zeitkorsetts als auch Habitualisierungen aus dem Erwerbsleben, die in lebenszeitlicher Hinsicht etwa 30 Jahre zurückliegen und heute noch Gültigkeit haben. Hedonistisch gestimmtes Länger-Schlafen-Lassen gab nur Ärger mit den beiden. Und Ärger mit Kunden ist nicht gewollt. Also begann der Frühdienst am Wochenende nach all diesen Erkenntnissen und Erfahrungen gegen 6 Uhr 45 bei dem Geschwisterpaar Dr.

Nach der Ganzwaschung der älteren Schwester nach dem Wecken, folgte die Vorbereitung der Teilwaschung der jüngeren Schwester. Diese Strukturierung erlaubte eine mehrseitige Befriedigung von sich andeutenden Eifersuchtsdramen im häuslichen

Bereich dieser Kundinnen. Die ältere der beiden war in der Regel die erste, die gewaschen wurde. Die jüngere hingegen konnte noch ein bißchen dösen. Zu vermuten sind in diesem Zusammenhang alte bis uralte Gewohnheiten aus den Zeiten, als beide noch zusammenlebten.

Für den ersten Pflegegang war diese Erkenntnis Gold wert. Mit der Teilwaschung konnte ich die beiden zunächst allein lassen. Im weiteren Verlauf der teilnehmenden Beobachtung ging dies nicht mehr, eine unmittelbare Erreichbarkeit und physische Anwesenheit war dann vonnöten. Es gab dann die Gelegenheit, vor- und nachbereitende Tätigkeiten z.T. oder vollständig abzuarbeiten.

Der jüngeren Schwester, die sich im Bad teilweise selbständig wusch, genügte es offenbar, daß jemand zugegen war. Eine durch das Bettenmachen oder durch die Aufräumarbeiten erzeugte Geräuschkulisse gab ihr offensichtlich ein beruhigendes, sicheres Gefühl. Auf pflegerischer Seite entstand ein erster entspannender Moment am immer noch frühen Morgen.

Als die Möglichkeit der Unterbrechung noch existierte, war die Gelegenheit günstig, in die 3. Etage zu fahren oder zu gehen, um Frau Ku die Medikamente zu reichen. Anschließend ging es in die erste Ebene zurück. Dieser Gang bedeutete eine weitere Entspannung, um später das Werk bei dem Geschwisterpaar zu beenden.

Erfahrungsgemäß war es dann etwa 7 Uhr 10 und die Zeit gegeben, um auf der 3. Etage fortzufahren und hierbei nach einer der drei beschriebenen Varianten zu verfahren. Ein Unterschied bestand allerdings in der Einbeziehung von Frau B. Es stellte sich eine beiderseits vereinbarte Weckzeit 7 Uhr 30 ein.

Nach den Arbeiten bei H.W., Fr.K., Fr. W. und Fr.M. ging es sodann gegen 7 Uhr 30 zu Frau B. in die 2. Etage. Der Gang dorthin bedeutete wiederum eine kurze mentale sowie physische Entspannungsphase. Die gegebene Unterbrechung bei Frau B. nutzte ich entweder für das Wecken von Fr.M., das Frisieren von Frau K. oder zum Bettenmachen bei H.W.

An eigenen schlechten Tagen ließ ich die Unterbrechung und blieb bei Fr.B., um mit den erforderlichen und vereinbarten Tätigkeiten dort fortzufahren. Schließlich bestand Frau B. nicht darauf, daß das jeweilige männliche Wesen das Appartement zu verlassen hatte, während sie sich wusch.

Vernachlässigen möchte ich unterschiedliche Tätigkeiten zwischen den Etagen, so beispielsweise das Reinigen von Topfstühlen, das samstägliche Wecken einiger bis dahin nichtpflegebedürftiger Bewohner und Bewohnerinnen u.a.m.

Es galt möglichst vor 8 Uhr wieder in der Küche des Wohnbereichs zu erscheinen und die bis dahin vorbereiteten Frühstückswagen für die genannten Ebenen fertigzustellen und abzuholen. Schließlich sollte der Frühstückskaffee u.a. möglichst frisch geliefert werden. Dies war durch das hauswirtschaftliche Personal unmöglich zu leisten, so daß diese Unterbrechung der Pflegearbeit durch einen größeren hauswirtschaftlichen Schwerpunkt in organisatorischer und kundenorientierter Hinsicht erforderlich war.

Gerne hätte ich und sicher auch die Kollegen und Kolleginnen diesen Arbeitsabschnitt delegiert gesehen. Nichtsdestotrotz bewirkte das Servieren des Frühstücks eine Art Entspannung und Abrundung des gesamten Geschehens der sogenannten ersten Pflegerunde. Diese Festellung sollte jedoch nicht als Gegenrede zu einem weiteren Kopf und zwei weiteren Händen und Füßen mißverstanden werden. Auch und gerade im Sinne von Kundenorientierung wäre eine weitere hauswirtschaftliche Kraft am Wochenende durchaus und dringend geboten.

Im Anschluß an das Servieren und ggf. Anreichen des Frühstücks gab es sodann ceteris paribus die Gelegenheit zu einer echten mehrminütigen Ruhephase unter Kollegen und Kolleginnen.

Je nach Befindlichkeit zu Beginn des Frühdienstes am Wochenende variierten H. und ich die anstehenden Aufgaben mit Ausnahme der nicht delegierbaren Arbeiten. Nach der ersten kurzen Pause erfolgte eine kurze Abstimmung und in der Regel wurde dann die Arbeit mit dem Abräumen des Frühstückswagens fortgesetzt. Wiederum griffen hierbei die Eßgewohnheiten sozusagen vom Vorabend und ermöglichten eine lebensstilorientierte Gestaltung des weiteren Verlaufs.

Der Rahmen der vormals als konisch verlaufenden Tätigkeiten im Frühdienst kamen für den weiteren Verlauf bis zum Ende des Frühdienstes mit dem Unterschied zum Tragen, daß sich die Arbeit als Pflegehelfer zusehends durch gelegentliche hauswirtschaftliche Zuarbeiten kennzeichnete, was nicht zuletzt die Zusammenarbeit mit dem Küchenpersonal intensivierte. Eine vorangegangene Spätdienstwoche in den Beinen, Fußgelenken, Rückenpartien und Armbereichen ließ diese Tätigkeiten als wohltuend erscheinen. Das soll nicht heißen, daß die hauswirtschaftlichen Arbeiten leichteren Fußes vonstatten gingen. Es handelte sich lediglich um eine arbeitsinhaltliche Abwechslung.

Der sonntägliche Frühdienst

Der sonntägliche Frühdienst unterschied sich nur unwesentlich von dem samstäglichen. Ich hatte den Eindruck gewonnen, daß das Schlafverhalten der Bewohnerschaft eher dadurch geprägt war, länger zu schlafen, sozusagen wie in alten Zeiten. Jedenfalls war auf den Fluren der Etagen 1-4 an Sonntagen eine weitaus größere und länger andauernde Ruhe auszumachen. Es gab meines Erachtens sogar Unterschiede in

Sommer- gegenüber Winterzeiten und den damit verbundenen Helligkeiten und Dunkelheiten zwischen 6 Uhr 40 und 8 Uhr morgens.

Diese Tatsache hatte natürlich Auswirkungen auf die pflegehelferische Mitgestaltung des Alltags der pflegebedürftigen Bewohnerschaft.

Die Großküche bemühte sich redlich, um von frühmorgens an, das sonntägliche Essen zu zaubern. An Samstagen gab es zu Mittag z.T. erstklassige Eintöpfe, klassische aber auch welche mit gewagten Kreationen. Auf diese Weise gelang es u.a. die Geschmacksnerven und-sinne sowohl der nichtpflegebedürftigen wie der pflegebedürftigen Bewohner und Bewohnerinnen zu (re-) aktivieren. Manchmal zum Genuß, manchmal zum Verdruß.

An Sonntagen gab es auf Wunsch ein Frühstücksei, welches gewohnheits- und wohl auch geschmacksbedingt eifrig nachgefragt wurde und dem hauswirtschaftlichen Personal in beiden Küchen weitere kurze Handgriffe bescherte bzw. abverlangte. Aber, was tut man nicht alles...

An diesen Diensttagen bemühten H. und ich uns u.a., die eigenen Frühstückspausen nicht nur einzuhalten, sondern auch so angenehm wie möglich zu gestalten. Frau G. hatte ihre Vorlieben, z.B. warme Milch, die Zeitung und einen speziellen Weichkäse namens "Knirps". Und auch H. hatte seine Vergnügen bereitenden Eigentümlichkeiten, wie beispielsweise der Genuß von Rauchwaren und heißem schwarzem Kaffee und nicht zu vergessen, die erste Zigarette vor dem Beginn des Frühstücks.

Einen nennenswerten Unterschied gegenüber den Frühdiensten an Samstagen gab es noch hinsichtlich der Bewohnerseite. Einzelne Bewohner und Bewohnerinnen erhielten mal regelmäßigen, mal unregelmäßigen Besuch von Angehörigen oder Freundinnen. Dies bedeutete so manchesmal, beim Frühstück unterbrochen zu werden, trotz aller entschuldigenden Gesten der Besuchenden. Äußerst ärgerlich war zuweilen die Ignoranz einiger Bewohner, die wohlverdienten Pausen des pflege- und hauswirtschaftlichen Personals zur Kenntnis zu nehmen. Die liebgewonnenen Gewohnheiten dieses Berufsstandes war in den Augen anderer nicht viel wert. Diese Beobachtung und Erfahrung zeigt in Miniaturform, aber eben auch empirisch zutreffend, daß der Berufsstand "Altenpflege" noch weit davon entfernt zu sein scheint, gleiche Anerkennungswerte zu verzeichnen wie die anderer Dienstleistungsberufe. Auf der anderen Seite gab es die gelegentliche Fußabtretermanier und auf der anderen Seite gab es allerdings mehrheitlich die anderen, d.h. die rücksichtsvollen Bewohner und Bewohnerinnen, die irgendwann in ihrem Leben, Anteile sozialer Kompetenz und gutes Benehmen erworben hatten. Dies zeigte sich in verbalen sowie in nonverbalen Gesten und Zuwendungsformen, wie beispielsweise wirklich guten Weißwein für jeden Mitarbeiter und jede Mitarbeiterin zu Weihnachten, versehen mit liebevoller Verpackung und individueller Widmung. Dies läßt sich ohne Einschränkung als gegenseitige Beziehungspflege zwischen zu pflegender Person und Pflegekraft interpretieren.

"Anerkennung" ist das Thema, mit dem ich den Abschnitt über das Frühdienstgeschehen am Wochenende beenden und zugleich zu den folgenden Abschnitten "Spätdienst am Wochenende" und zum Beobachtungsausschnitt "Krankenstand" überleiten möchte.

Dieses Thema entstand im wesentlichen aus den Gesprächen informeller Art durch die Kollegen und Kolleginnen, die sich aus Anlaß, wie etwa dem der Qualität von Frühstückspausen bzw. dem zu mißbilligenden Stil einzelner BewohnerInnen, grundsätzliche Gedanken machten. Diese Gedanken kreisten um Elemente beruflicher Anerkennung, gegenseitige Sichtweise von gleichberechtigten Partnern in der jeweiligen Pflegeinteraktion und eben auch die damit eng verbundene zwischenmenschliche Komponente. Die als fehlend empfundenen Formen von

Anerkennung führt nach Meinung einiger Beschäftigter häufig dazu, daß man keine Lust mehr verspüre, die eigene berufliche Motivation leide und man gleichsam verleidet würde, sich nun auch noch besonderen und relevanten Facetten, beispielsweise einer biographischen Rekonstruktion, egal welchen Bewohners zu öffnen. So groß die Räumlichkeiten der Bewohner auch anmuten, sie vergrößerten nicht nur symbolisch die Distanz zur Schwester, zum Pfleger, zum Helfer oder zum Zivildienstleistenden.

Normalerweise sind dies durchaus begrifflich-ausdrucksvolle Beziehungen, die eine gewisse berufliche Anerkennung zuweilen sogar liebevoller Art vermuten lassen oder gar nahelegen.

Sie schaffen aber auch Distanz, legen soziale Rollen fest und in diesen Rollen werden nun Tag für Tag, Woche für Woche, klassische Inszenierungen von Obrigkeit und Fußvolk uraufgeführt, von Dienenden und Bedienten in wahrlich nicht moderner und partnerschaftlicher Form.

Auf der Seite von Pflegenden und hauswirtschaftlichen Kräften erzeugt eine derartige Distanzierung Verdruß und zementiert dieses Mißverhältnis. Es war in einigen Fällen, für die betreffenden BewohnerInnen eine biographisch neue Rolle von eigener Pflegebedürftigkeit und einem damit verbundenem Abhängigkeitsverhältnis gegeben, daß Formen des Nachdenkens über ehemaliges und zukünftiges Handeln zutage traten. Andererseits entstanden aber auch Formen des Sich-Bedienen-Lassens.

Das für die jeweilige Biographie erstmalige Erlebnis von zwischenmenschlicher und insbesondere wissensmäßiger Abhängigkeit aufgrund der nun erlittenen Pflegebedürftigkeit erlaubt es unter Umständen, dem Berufsstand mehr Anerkennung zu schenken, ohne zusätzlich ein schlechtes Gewissen oder Verdruß seitens der Pflegekräfte zu erzeugen.

Gleichwohl sind mitnichten die Fortsetzung herrschaftlicher Konstituenten von der Hand zu weisen. Eine Konsequenz daraus lautet, daß moderne Managementtechniken und bestens gelernte neue Dinge, wie beispielsweise der zynisch anmutende Begriff des sogenannten Führungsstils, ohne die multiperspektivische Wahrnehmungen der Betroffenen vor Ort ohne Leben und insbesondere wirkungslos bleiben.

Es regnet gelbe Scheine, Tränen und Verdruß, wenn eine Pflegekraft ihr Bestes gibt, um Kundenzufriedenheit zu optimieren und um eine höchstmögliche Betten- bzw.Appartementauslastung bemüht ist, aber das elementare zwischenmenschliche Bindeglied von gegenseitiger Anerkennung und Wertschätzung keinen Raum gewinnt. Seminarbedingte Erkenntnisse und didaktisch bestens verfeinerte Konzepte laufen zwangsläufig ins Leere.

Im Fall der G. hätte kein Rückkehrgespräch geholfen. Es hätte auch nie eines gegeben, denn Frau G. hatte während ihrer jahrzehntelangen Tätigkeit nie gefehlt.

Eine Vermeidung des tatsächlichen Krankenstandes, die zum Ziele hat, an das Verständnis zu appellieren, die Motivation zu erhöhen, etwa durch "job enlargement" oder "job rotation" oder "job enrichment" oder was sonst noch so letztlich fremdgesteuert angeboten und womöglich verkauft wird, löst kein einziges Problem wirklich. Auch wenn mit modernen Managmenttechniken (nicht selten handelt es sich um Ladenhüter!) das gesamte Arbeitsumfeld eines jeden Mitarbeiters und einer jeden Mitarbeiterin erfaßt wird, wird letzten Endes die Lebenswelt Altenpflege, konkret die eines Wohnbereichs, nicht wirklich erreicht. Es wird dann über die Köpfe hinweg und an den Herzen der dort Arbeitenden vorbei "gemanagt". Eine Effizienz einer derartigen Vorgehensweise wartet noch auf ihren Nachweis. Nachweisen läßt sich mithin der Abtrag kreditbedingter Zahlungsverbindlichkeiten einschlägiger Unternehmensberater.

Neben dem Thema der Anerkennung ist auch die Emotionsarbeit ein wesentliches Thema der Altenpflege und zwar nicht nur durch die einschlägige Literatur belegt, sondern auch durch teilnehmende Beobachtung "idealtypisch" zu erheben. Diesem Thema werde ich sodann ein eigenes Kapitel widmen.

Zusammenfassung

Ausgangspunkte dieses Abschnittes waren die mangelnde Besetzung des Pflege- und des hauswirtschaftlichen Personals am Wochenende sowie die Bedeutung der Lebensstile der älteren und alten pflegebedürftigen wie der nichtpflegebedürftigen BewohnerInnen des Wohnbereichs für die Gestaltung des Frühdienstalltags.

Es konnte gezeigt werden, daß gezielte Absprachen und die Aufteilung der Arbeit nach beruflichen Qualifikationen Grundvoraussetzungen für die Herstellung eines Dienstleistungsalltags "Altenpflege" sind.

Dies ist eine wichtige wesentliche Voraussetzung dafür, daß das sehr frühe Aufstehen und die Bereitschaft, zu dieser Zeit Dienst zu tun, als weniger belastend empfunden wird.

Der durchgesprochene, entworfene Arbeitsbeginn erzeugt einen gestaltbaren Rahmen für die konkreten pflegerischen Maßnahmen, die vertragsmäßig vereinbart sind und nicht nur rechtlich bindenden, sondern auch überwiegend pflegerisch sinnvollen Charakter haben. Pflegerisch sinnvoll heißt in den Augen der Beschäftigten ressourcenorientiertes Arbeiten. Als Stichwort ist in diesem Zusammenhang die sogenannte "aktivierende Pflege" geliefert worden.

Frühdienst auch am Wochenende kann dieser Prämisse folgen, wenn die hier begonnenen Arbeiten in grund- und behandlungspflegerischer Hinsicht, im Spätdienst durch mobilisations- und kommunikationsbezogene Komponenten komplettiert werden. Mit diesem Ziel vor Augen, kann der Dienst am Frühdienstmorgen befruchtend wirken.

Die Kenntnisse über die liebgewonnenen Gewohnheiten der Bewohner, die sich offenbar nur in Nuancen zu verändern scheinen, wenn der Ruhestand einmal erreicht wird, sind für die Pflegearbeit von außerordentlicher Bedeutung und Nutzen. Es lassen sich durch Beispiele der beschriebenen Art Anhaltspunkte dafür finden, daß Pflegekräfte an diesem Nutzen partizipieren können.

Die stete Reflexion über den eigenen Arbeitsstil und die gezielte Umsetzung in Anspannungs- und Entspannungsphasen während des Dienstes selbst, vermögen die Qualität der Arbeit zu verbessern. Hierzu unerläßlich ist die eigene Wahrnehmung situativer Befindlichkeiten.

Das eigene Vermögen, Distanz und Nähe gezielt einzubeziehen in die Arbeit am Menschen, eröffnet Optionen der persönlichen, individuellen Art und Weise, den Arbeitsablauf im vorgegebenem Rahmen zu gestalten, d.h. den Pflegealltag auf den Etagen A-C auszugestalten.

Außerordentlich bedeutsam ist nicht nur die physische Anwesenheit von Kollegen (es könnten gelegentlich schon ein paar mehr sein), sondern die interaktionistischen Vorgehensweisen der jeweiligen Kollegen und Kolleginnen.

Durch Reflexion und alltägliche Bewußtseinsleistungen, die während einer längeren Beobachtung spürbar und vernehmbar sind, also für den Pflegealltag ubiquitär zu sein scheinen, wird es u.a. möglich, auf tägliche Überraschungen und Unwägbarkeiten, die den Pflegealltag eben auch kennzeichnen, situationsgemäß und angemessen zu reagieren und infolge zu handeln. D.h. Unsicherheiten, Brüche eines angenommenen idealen Verlaufes eines Pflegealltags gemeinsam durchzuarbeiten, angefangen von der Überlegung, was geschehen ist, warum etwas geschehen ist und zu überlegen, was genau zu tun ist, sich zu beratschlagen, gegebenenfalls Rat einzuholen.

Diese Vorgehensweise schafft ein enormes umfangreiches und gleichsam präzises Expertenwissen in eigener Sache und bedarf nur im äußersten Falle der Fremdeinwirkung bzw. der Fremdwahrnehmung.

Eine auf diese Weise erarbeitete Statushoheit führt zu einer Bestätigung souveräner Arbeit und leitet zu intrinsischen Motivationensaspekten, die wirklich von innen kommen. Der bewußt gewählte Beruf des Altenpflegers, wie im Falle von H.H., bestätigt diesen Befund. Eine individuell selbstbestimmte, die zahlreichen Gespräche mit H.H. belegen dies, Berufswahl ist verbunden mit einer Perspektive in beruflicher sowie persönlicher Hinsicht.

Anders verhält es sich im Fall G. Sie erlebte die "alte funktionelle Pflege" von Kindes Beinen an und erzählte detailliert und leidenschaftlich über Zumutungen und Zumutbarkeiten einer Art am Menschen zu arbeiten, die rundweg abzulehnen ist.

Nicht nur die würdelosen Handlungsweisen gegenüber älteren und alten Persönlichkeiten, unabhängig davon, ob sie nun Selbstzahler sind oder nicht, sondern auch die m.E. ubiquitäre Nichtanerkennung der Dienenden durch Bediente sollten allgegenwärtig als geschichtlich im Sinne einer Pflegeinteraktion des ausgehenden 20.Jahrhunderts angesehen werden.

Neben dem Herrschaftsaspekt, der das Verhältnis der Pflegeinterakteure inclusive der hauswirtschaftlichen Kräfte als distanzierend beschreibt, ist allerdings ebenso der tatsächliche Führungsstil vor Ort von äußerst großer Bedeutung. Die Wohnbereichsleiterin hatte sich auch ohne Seminaranleitung für einen demokratischen Führungsstil entschieden. Ich werde im entsprechenden Abschnitt noch darauf zurückkommen.

Im Laufe der teilnehmenden Beobachtung wurde mir zusehends klarer, daß für die Lösung der klassischen Probleme der Altenpflege, die Erfahrungen in all den unterschiedlichen Facetten, die bewußte Entscheidung für diesen Beruf, die Gründe für diese Entscheidung u.a.m. das entscheidende Terrain darstellen.

Es sind sowohl materielle wie auch ideelle Werte und Motive festzustellen, häufig auch Mischungen aus beiden. Entscheidend scheint mir zu sein, diese Zusammenschau aller Motivationen vor Ort zu moderieren, etwa in Gestalt von variablen Arbeitszeiten. Dazu aber später mehr.

Die Lösung der Probleme liegt in dem größtmöglichen Perspektivenreichtum der Pflegeinterakteure bereits vor. Diesen gilt es im Sinne aller Beteiligten zu nutzen.

Spätdienst am Wochenende

Die personelle Besetzung im Spätdienst am Wochenende war der an Werktagen im wesentlichen gleich. Es gab zwei Pflegekräfte in der Kombination einer examinierten Kraft, einer helfenden Kraft sowie eine hauswirtschaftliche Kraft.

Bemerkenswert war allerdings, daß der hauswirtschaftliche Bereich etwas entspannter und gelassener zu Werke gehen konnte als an den anderen Spätdiensttagen, weil im Foyer des Hauses für den Nachmittag eine Cafeteria eingerichtet wurde. Dies führte dazu, daß nicht nur die Kuchen- und Tortenauswahl eine geschmacksbezogene Abwechslung bedeuteten, sondern daß in kommunikativer Hinsicht mindestens zweierlei Kontaktzonen entstanden. Sowohl die Bewohner des Wohnbereichs als auch jene der Pflegestation sowie der gerontopsychiatrischen Abteilung konnten sich kennenlernen, bzw. aus alten Zeiten verabreden.

Auf der Seite der Angehörigen, Freunde usw. bestand eine weitere Gelegenheit, BewohnerInnen der drei Abteilungen zu besuchen.

Die stete Nachfrage nach dieser Abwechslung wurde auch auf Seiten der Pflege als Entlastung empfunden, obgleich der erste pflegerische Anteil durch die Öffnungszeit der Cafeteria vorgegeben war. Es wurden denn auch die Kombination aus pflegerischen Tätigkeiten, im wesentlichen bestand diese darin, pflegebedürftige Bewohner sozusagen "cafeteriafertig" zu machen, und hauswirtschaftlichen Aufgaben für die Bewohner, die nicht das Angebot der Cafeteria wahrnehmen wollten, zeitlich enger aufeinander abzustimmen. Anzumerken ist noch, daß zwischen 14 Uhr 45 und 15 Uhr 15 die pflegebedürftigen Bewohner aus der Mittagsruhe geholt wurden mit all den damit verbundenen vor- und nachbereitenden Tätigkeiten.

Die auf diesem Wege entstandene Entspannungssituation, sowohl für die diensthabenden Pflegekräfte als auch für die hauswirtschaftliche Kraft der Küche des Wohnbereichs, stand ein Mobilitations- und Kommunikationsschwerpunkt auf Seiten der Pflegebedürftigen gegenüber.

Für beide Interaktionspartner bedeutete dies eine -je nach Perspektive- Lebens- bzw. Arbeitsqualität. Es konnten erstens formelle und informelle Netzwerke geknüpft oder bewährte soziale Beziehungen gepflegt werden.

Zweitens gelang es hierdurch Arbeitsinhalte und deren unterschiedliche Schwerpunkte, Grund- und Behandlungspflege, Mobilisation und Kommunikation vollends ausgeführen und umzusetzen.

Dieses Ergebnis pflegerischer Arbeit berührte zwangsläufig Persönlichkeitsmerkmale der Interakteure jeweiliger Zufriedenheiten, die letztlich kreatives Handeln zu fördern vermochte. Die Kommunikation auf Seiten der Bewohner als auch die der Pflegekräfte und hauswirtschaftlichen Mitarbeiter förderten durchaus ein weiteres Engagement zutage.

Ein Qualitätsstandard der Mobilisation am Wochenende und der Kommunikation ist also nicht nur sinnvoll, sondern auch sinnstiftend. Es spielen in diesem Zusammenhang jeweilige Gewohnheiten und Vorlieben eine entscheidende Rolle, d.h. in biographischer wie in berufsbiographischer Hinsicht, wurden diese positiven Entwicklungen und Erlebnisse vor dem Hintergrund ehemaliger Erfahrungen gespiegelt und bewertet.

Auf der einen Seite bestand die Möglichkeit, alltagskulturelle Habitualisierungen, wie beispielsweise das sonntägliche Kaffeetrinken zu bewahren bzw. gegebenenfalls zu reaktivieren.

Eine weitere Option hatte die Gestalt von Freiräumen, die neue Kontaktmöglichkeiten zu schaffen vermochte, um letzten Endes das eigene Käfigdasein zumindest partiell zu überwinden.

Auf der anderen Seite kamen die vorhandenen Qualifikationen der Pflegekräfte zur Anwendung, was wohl einen Fortschritt gegenüber Zeiten funktioneller Pflege bedeutete. Diese Zeiten wurden offensichtlich mit Begrifflichkeiten und Empfindungen wie Hektik, autoritärem Führungsverhalten, innerem Rückzug aus der Pflegearbeit und tatsächlichem Absentismus belegt.

Ein Abbau der Bürokratie, die eindeutig durch die Pflegeversicherung bedingt wurde - so die einhellige Meinung der Kolleginnen- könnte zusätzliche Freiräume schaffen.

Nicht selten gab es Gesten der Anerkennung durch einzelne Bewohner -unabhängig ob sie nun pflegebedürftig waren oder nicht-, indem die eine oder andere genußvolle Anregung etwa in Form von Kuchen oder Torten für die Pause der Kollegen in der Cafeteria bestellt und später von der Inhaberin serviert wurde. Diese Gaumenfreude, es handelte sich um überwiegend selbstgebackene Kuchen und Torten, hatten denn auch keinen bitteren Nachgeschmack. Eine Geste des guten Geschmacks und Anstands sozusagen und eben der Anerkennung.

Gegen 17 Uhr war die Cafeteriazeit beendet und es schloß sich der übliche Spätdienstgang an, mit dem kleinen, aber nicht unwichtigen Unterschied, daß die Kommunikation der Bewohner im Anschluß gelegentlich durch eine gewisse Ausgelassenheit oder Müdigkeit gekennzeichnet war.

Auf der Seite der Pflege war man überwiegend gelassen vor dem Hintergrund des am Montag beginnenden Frühdienstes, was ein situatives Umdenken erforderte und auch körperlich eine enorme Umstellung bedeutete.

Zusammenfassung

Ich möchte festhalten, daß die beschriebenen Arbeitsinhalte im Früh- und im Spätdienst in interaktionistischer Weise zum Tragen kommen, und zwar in zweierlei Hinsicht.

Zum einen vollzieht sich die Arbeit am Menschen in lebendiger und lebender Form, d.h. es kommt zu Schwankungen, situativen Umbrüchen, die zum zweiten wiederum die Gestaltung des Pflegealltags bedingen, aber auch situationsspezifisch neu entstehen lassen. Die Tatsache, jemanden zur Cafeteriazeit zu wecken -häufig warteten Bewohner bereits sehnsüchtig-, um die darauffolgenden unterstützenden pflegerischen Maßnahmen und Aufgaben durchzuführen, zeigte, daß nicht einmal dieser kurze Arbeitsabschnitt eines Spätdienstes Sonntag für Sonntag gleich ablief, sondern allenfalls in ähnlicher Gestalt.

Die damit verbundene situative Anforderung an die Pflegekraft eröffnet zwar Optionen hinsichtlich der Gestaltung, zwingt sie zugleich zu neuen gedanklichen und handlungsbezogenen Verknüpfungen. Beispielsweise eine unerwartete Inkontinenzversorgung oder ähnliches mehr.

Diese Interaktionsbeziehung bezieht zunächst nur eine Pflegekraft und einen Bewohner mit ein und signalisiert, je nach Sichtweise, entweder Lebens- oder Berufsqualität auf dem kleinsten gemeinsamen Nenner.

Eine weitere Interaktionsebene ist die der Kolleginnen untereinander. Hierbei stehen kommunikative Gesichtspunkte von Handlungen im Vordergrund und zwar in Gestalt von Austausch formeller wie informeller Art. Die in diesem Zusammenhang angeschlossenen Absprachen transportieren immer auch formelle Aspekte der Aufteilung von Aufgaben nach dem Kriterium der Qualifikationen und individuellen Neigungen. Sie vermögen gleichsam eine Art informeller strategischer Position darzustellen, die unter den gegebenen Umständen, berufliche Interessen umzusetzen verhilft.

Auf diese Weise können einmal erworbene und insbesondere für die Altenpflege als pflegerelevant gehaltenen Kenntnisse und Fähigkeiten auch tatsächlich und in situativ unterschiedlichen Konstellationen zur Anwendung kommen.

Diese Ausreizung von Arbeitsinhalten auf pflegerischer Seite und die Wahrnehmung und Realisierung von situativen, biographisch bedingten Interessen der pflegebedürftigen Bewohner auf der anderen Seite, fördern sozial kreatives Handeln, dienen der jeweiligen persönlichen Weiterentwicklung und ersetzen leichten Fußes therapeutische u.a. Interventionen.

Diese Erkenntnis steht im Gegensatz zu erzählten und erlebten Erfahrungen der Kolleginnen aus Zeiten funktioneller Pflege. Damit assoziierte Begrifflichkeiten wie Hektik, innere Abkehr, Absentismus u.a. legen nicht nur einen Transformationsprozeß nahe, mit dem Ziel verbunden, ressourcenorientiert zu arbeiten, sondern hinterlassen einen unglaublichen Scherbenhaufen. Die geforderten und sinnvoll erscheinenden Neuerungen erzeugen eben auch Widerstände seitens der Pflegekräfte. Es überwiegt in diesem Zusammenhang eine Angst vor einer wiederholten Fremdeinwirkung in neuen Schläuchen in Gestalt von Bürokratie, Technokratie, insbesondere von Fremddisziplinen wie Medizin und Ökonomie.

Die Kommunikationswirklichkeit aus den oben genannten und beschriebenen Facetten und Niveaus bewertet, interpretiert die gemachten Erfahrungen in aktuellen Situationen. Hierbei wird häufig bewertet, was auf der Interaktionsebene zwischen Pflegekraft-Bewohner an neuen Ideen, neuen Handlungsmöglichkeiten usw. zu strukturbildenden Komponenten führt, wenn die Handlungsentwürfe von Dritten, insbesondere Statushöheren, gut geheißen werden.

Es lassen sich auf diese Weise Elemente und Interpretationen der Ausformung vorgebener Regeln selbstbestimmt ausgestalten.

Diese Befunde eingedenk der beschriebenen Situation von Frau G. im Frühdienst am Wochenende möchte ich dazu nutzen, um einen Abschnitt mit dem Thema Krankenstand zu verfassen. Es geht in diesem Zusammenhang nicht etwa um das 98.Plädoyer zur Betrachtung des Arbeitsumfeldes oder das Einrichten und Abhalten von Rückkehrgesprächen. Vielmehr geht es darum, interaktionistische Aspekte formeller und informeller Gestalt zusammenzutragen.

Den in den Abschnitten 1-5 beschriebenen und rekonstruierten Beobachtungsbefunden liegt insgesamt eine qualitative Betrachtung dieser Problemkonstellation zugrunde. Die Beobachtungen zeigten dabei zunächst, angezeigt durch häufige und intensivere Selbstthematisierungen, daß dieses Thema den Betroffenen selbst auf den Nägeln brennt.

Desweiteren zeigen die Beobachtungen, daß Problemlösungsansätze sich bereits im Raume befinden, aber nicht nachgefragt würden. Stattdessen werde versucht, von außen Licht in das Dunkel zu bringen.

6. Krankenstand

In der Zeit teilnehmender Beobachtung ergaben sich unterschiedliche Situationen und Ereignisse, die das Thema Fehlzeiten und Krankenstand anschnitten, bzw. einen breiteren Raum einnahmen.

Es waren dies öffentlich geführte Diskussionen im politischen Feld, wie beispielsweise das Thema der Karenztage und der Lohnfortzahlung im Krankheitsfall. Übergeordnet kam es in diesem Zusammenhang zu Positionierungen seitens des Personals im Wohnbereich über die sozialen Sicherungsysteme, die Rentensituation oder die Eigenständigkeit der Pflegeversicherung, eng verbunden mit Fragen der Finanzierung und Finanzierbarkeit. Es stand hierbei die jeweils eigene rentenbezogene Situation im Vordergrund.

Andere Entstehungszusammenhänge, die die Thematik des Krankenstandes direkt oder indirekt betrafen, waren Situationen zunehmender Fehlzeiten und Absentismusraten auf der gegenüberliegenden Pflegestation. Dieser Zustand wurde mit Unverständnis, aber auch zeitweiligem Verständnis, entweder mißbilligt oder kommentiert.

Stets waren besondere Belastungsthemen der Pflege insgesamt und der Altenpflege im besonderen angesprochen. Körperliche und seelische Befindlichkeiten und insbesondere psychische Belastungsmerkmale, die mit der häufig zu engen Beziehung zu einzelnen zu pflegenden Personen begründet wurden, wurden angeführt.

Unüberhörbar war zudem der Verdruß und das Unverständnis gegenüber einigen besonderen Kollegen, die nicht selten als "Drückeberger" oder unsozial bezeichnet wurden.

Konkreten Personen wurde in diesem Zusammenhang nachgesagt, daß diese sich die gelben Scheine gegenseitig in die Hand gäben.

Der Ärger darüber war vorprogrammiert bzw. verschärfte sich, weil das Fehlen von Kolleginnen auf der gegenüberliegenden Pflegestation für das Pflegepersonal im Wohnbereich bedeutete, auf besagter Station aushelfen zu müssen. Damit war nicht gemeint, die Hilfe unter Kollegen zu verneinen, gleichwohl wurde die fehlende Solidarität unter den Kollegen auf dieser Station selbst bemängelt und kritisiert.

Nicht selten wurde die sogenannte Lohnfortzahlung im Krankheitsfall scharf kritisiert, aber zugleich eine notwendige Differenzierung der jeweiligen Problemfälle angemahnt. Auffallend war denn auch der Rückbezug zur eigenen Situation und der Situation des Wohnbereichs insgesamt. Der tatsächliche Krankenstand in diesem Bereich war denn auch zugleich die Grundlage für mögliche und diskutierte Lösungsansätze. Es kann von einer interkollegialen Spiegelung die Rede sein. In diesem Zusammenhang wurde eine fehlende Einstellung zum Beruf und den konkreten Tätigkeiten in der Altenpflege konstatiert. Aus materiellen Motiven diesen Beruf auszuüben, wurde als unzureichender Beweggrund abgelehnt.

Ein gutes finanzielles Auskommen unterstellt, wurden vielmehr ideelle Werte dieser Arbeit präferiert, wie beispielsweise alten Menschen grundsätzlich im Falle von Pflege zu helfen oder die Fähigkeit, Menschen überhaupt aushalten zu können.

Von außerordentlicher Bedeutung war hierbei die Meinung der Beschäftigten, die Notwendigkeit, als Altenpfleger oder Altenpflegerin selbst ein gewisses Alter und umfangreiche Erfahrung im Umgang mit Menschen zu den erforderlichen fachlichen Qualifikationen miteinzubringen und in die Pflegearbeit einzubinden.

In differenzierender Art und Weise wurden allerdings unterschiedliche personenbezogene, räumliche u.a. Strukturunterschiede des Wohnbereichs gegenüber der Pflegestation als mögliche Erklärung angeführt.

Ich hatte im Laufe der Beobachtungszeit den Eindruck gewonnen, daß im Wohnbereich und zwar innerhalb des Kollegiums, eine Art interner Kontrollmechanismus zum Tragen kam.

Allerdings ist dieser Aspekt anders mit Inhalt zu bestücken, als dies mit Kontrollaspekten im Arbeitsbereich für gewöhnlich geschieht. Es gab ein umfängliches, informelles Stützsystem bestehend aus Nettigkeiten, Offenheiten, Zumutbarkeiten, Abwägungen, was einer einzelnen Kollegin oder einem einzelnen Kollegen in spezifischen Situationen zuzumuten war.

Die Kollegenschaft war "durchsetzt" mit unterschiedlichsten Typen von Charakteren. Das Medium der Kommunikation, auch emotionaler Art, war bis zu einem gewissen Grad toleriert. Damit verbunden war, in unausgesprochener Form, Kommunikation als Qualitätsstandard in der eigenen Altenpflege eingeführt, bzw. längst fester Bestandteil des Pflegealltags.

Die gut funktionierende Chemie wurde stets untermauert, Probleme angesprochen, ohne unnötigerweise persönlich oder gar verletzend zu werden.

Dieses informelle Stützsystem der Unterstützung führte dazu, daß besondere "Freistellungen und Auszeiten" kritisch gesehen wurden und zwar durchweg in differenzierter Form. Es wurden Befindlichkeiten der betreffenden Person zurückverfolgt und gedankliche Konsequenzen abgeleitet. Allerdings wurde die Möglichkeit, gegebenenfalls Sanktionen auszusprechen, nicht rundweg abgelehnt. Dieses Stadium zu erreichen, bedurfte aber einiger "Ausfälle", insbesondere durch

Verzicht auf die Informationsweitergabe und aktuelle Unterrichtung über den Stand des Krankseins.

Dieses informelle Stützsystem der Kollegen und Kolleginnen wurde ergänzt durch positive Einflüsse einiger Bewohnerinnen. Dies zeigte sich in den Fragen nach der eigenen Befindlichkeit bei auffallend traurigen oder mißmutigen Blicken. Oder es gab in Folge einer erworbenen Vertrautheit die unerwartete Gelegenheit, sein Herz auszuschütten. Nicht selten gab es dann Trost oder auch eine direkt geäußerte, gutgemeinte Kritik.

Es wurde viel Verständnis für eigene Mißgestimmtheiten, aber auch Unverständnis gezeigt seitens der Bewohnerschaft. Zu diesen Personen entwickelte sich denn auch keine besonders weitreichende Vertrautheit. Man beließ es sodann bei belanglosen Gegenreden, Worthülsen oder aber aussagekräftigen Gesten und Grimassen.

Ein weiterer Beweggrund wurde als Erklärung für das krankheitsbedingte Fehlen einiger Kollegen angeführt und zwar die Arbeitszeitlagen insgesamt in der Pflege. Der wochenweise Wechsel von Früh- und Spätdienst mit gelegentlichen Nachtdienstepisoden, aber insbesondere der arhythmische Wechsel in den jeweiligen Wochendiensten wurde als mögliche Erklärung herangezogen.

Als bedeutungsvoll wurde in diesem Zusammenhang das Privatleben mit den unterschiedlichen Konstellationen assoziiert. Hierbei wurden bei-spielsweise hohe Scheidungsraten -und fälle im Pflegebereich angesprochen, die jeweils eigene Situation daran gespiegelt und bis zu einer gewissen, selbstbestimmten Schamgrenze mitgeteilt.

Gleichzeitig wurden aber auch Mechanismen der Bewältigung derartiger Problematiken erörtert, wie beispielsweise die konsequente Scheidung vom Ehepartner oder eheähnlichen Partnern und Partnerinnen als eigene gesundheitsfördernde Maßnahme.

Oder es wurden gezielte, individuell unterschiedliche Strategien der Kompensation in Gestalt einer Freizeitgestaltung angeführt, die keineswegs mit den hochgelegten Füßen auf der häuslichen Couch endete. Es gab Kollegen und Kolleginnen, die die Pflegearbeit eher mit anderen Formen der Arbeit im häuslichen Bereich suspensierten.

Es gab desweiteren Buchempfehlungen, Empfehlungen von Theater-, Kino- und Diskothekenbesuchen. Andere Kollegen wiederum präferierten gutes und ausgiebiges Essen. Wieder anderen war daran gelegen, Haus- und Erwerbsarbeit aufeinander abzustimmen.

Nicht unerwähnt lassen möchte ich, daß gelegentliche Treffs nach Dienstschluß die Kollegialität der einzelnen Belegschaftsmitglieder zueinander zu unterfüttern vermochten.

Strukturprägend war jedoch ein immanent gewachsenes, informelles Stützsystem, welches ohne Seminar, Selbsthilfegruppe oder gar therapeutische Leitung zustandekam und durch Aktivitäten der unterschiedlichsten Art selbst reproduziert wurde und nach einigen Besuchen immer noch Bestandteil dieses Kollegenkreises ist.

Dieses informelle Stützsystem wurde ergänzt und erweitert durch formelle und auch informelle Maßnahmen der Arbeitsorganisation- und gestaltung. So wurde von der Wohnbereichsleiterin beispielsweise angeregt, das Aufteilen der Arbeit zu Beginn des Frühdienstes zu variieren. D.h. die Etagen anders einzuteilen auf die diensthabenden Mitarbeiter und dabei gegebenenfalls tägliche Befindlichkeiten des Personals einzubeziehen.

Es gab natürlich auch Bewohnerinnen, die nicht nur einmal nörgelig oder mürrisch gelaunt waren, sondern deren Persönlichkeit und Charaktereigenschaften aus den unterschiedlichsten Gründen in grundsätzlichen Grundunzufriedenheiten bestanden.

Die von der Wohnbereichsleiterin angeregte "Rotation" war ein vielversprechendes Element und Instrument der Arbeitsgestaltung, um Befindlichkeiten des Personals sozusagen untereinander auszutarieren. Auf diese Anregung hin erfolgten präzise Absprachen der Kollegen und Kolleginnen.

Auf der Seite pflegebedürftiger Bewohner waren Irritationen gegenüber eingefahrenen Gewohnheiten, den Arbeits- bzw. Lebenstag "wie gehabt" zu organisieren, die Konsequenz. Dieses Verfahren der Rotation bewirkte zweifelsohne ein neues Umdenken, ein gedankliches und handlungsbezogenes neues Eindenken und Einfühlen letztlich auf beiden Seiten der Pflegeinteraktion.

Es führte mithin zu einer spürbaren und offensichtlichen Entlastung der Mitarbeiter in mehrfacher Hinsicht. Die Vorstellung, einen bestimmten Bewohner oder eine bestimmte Bewohnerin heute nicht ertragen zu können und durch Rotation ausgleichen zu können, erzeugte ein Gefühl spürbarer Erleichterung, das durch Gesten zwischen den Kollegen, Gesten des Dankes, einen aufhellenden Blick oder das Klopfen auf die Schulter begleitet wurde.

Ein weiterer Beweggrund der Rotation ergab sich aus dem Arbeitssystem selbst und bestand in wochenweisen Wechseln von Früh- auf Spätdienst und umgekehrt. In diesem Zusammenhang waren entsprechende Tauschabsprachen unter den Mitarbeitern der diensthabenden Schicht mit der jeweils anderen erforderlich. So kam es vor, daß ein privater Anlaß, wie beispielsweise eine Festivität am Wochenende, zwischen zwei Kollegen gegeben war und zum Tausch des jeweiligen Dienstes führte. Selbstverständlich wurden diese Absprachen mit einer der beiden Leitungspersonen rückgekoppelt und durch aktualisierten Aushang angezeigt. Möglich war zudem auch ein Tausch von Kollegen innerhalb einer Schicht. Diese Entwicklung nahm während der teilnehmenden Beobachtung nicht überhand. Im wesentlichen wurde der vorgefertigte und aktualisierte Dienstplan allerdings eingehalten, u.a. deshalb, weil man sich auf die unterschiedlichen Arbeitsstile der Kollegen/innen einstellen und einfühlen konnte.

Gleichsam bewirkte diese Form von Rotation ein besseres Austarieren der privaten Ereignisse oder von Überraschungen und hatte durchweg positive Folgen für das soziale Gefüge der Mitarbeiter untereinander.

Als problematisch erwiesen sich beispielsweise die Vereinbarkeit zwischen der Arbeitszeitlage im Spätdienst und persönlichen Interessen an sportlichen Aktivitäten, wie das nachmittägliche Spielen in einer Fußballmannschaft. Nach Rücksprache mit der Wohnbereichsleitung gestalteten die betreffenden Mitarbeiter dies im wesentlichen autonom. Besonders profitierten Zivildienstleistende bzw. machten Gebrauch davon. Meines Erachtens erzeugten sie bewußt oder unbewußt keine Mißgunst der übrigen Kollegen, sondern provozierten Nachahmungen. Auf diese Weise brachten sie Abwechslung in den Alltag, achteten jedoch darauf, den Dienst nicht zu gefährden.

Diese Entwicklungen von Rotationsmaßnahmen waren wie gesagt Teil des informellen Stützsystems der Belegschaft, welches in zweierlei Hinsicht wirkte. Zum einen waren und sind damit Aspekte eines interkollegialen Befindlichkeitsmanagements angesprochen und zum zweiten zeigen sich unterschiedliche Gesichtspunkte flexibler Arbeitszeitgestaltung, die ohne eine Maßgabe von Dritten (Personalabteilung oder Betriebsrat o.a.) zustande gekommen sind.

Der Beobachtungsausschnitt "Arbeitszeitgestaltung" wird die Grundlage eines eigenen Abschnitts sein und zwar beabsichtige ich, die Begriffe Zeitmanagement und

Zeitsouveränität tiefer zu beleuchten und aus dem Zusammenhang der Pflege Grundüberlegungen anzustellen. Dabei wird insbesondere die Multiperspektivität der Praxis der Pflege sowie der Forschung im Vordergrund stehen.

Allerdings möchte ich an dieser Stelle noch den Aspekt der Urlaubsgestaltung besonders betonen und abhandeln, weil er während der teilnehmenden Beobachtung zunehmend an Bedeutung gewann. Vorauszuschicken ist, daß der Urlaub für die Beschäftigten des Hauses, wie insgesamt des Trägers arbeitszeitgesetzlich und tarifpolitisch auf etwa 30 Tage im Jahr festgelegt ist. Die Wahl von Urlausbzeiten, in üblichen Verfahren von Beantragung und Bewilligung/Nichtbewilligung, war ein zunehmend bewußter Bestandteil von Rahmengestaltung der Wohnbereichsleiterin, die individuelle Präferenzen der Beschäftigten grundsätzlich zu Jahresbeginn einplante.

In der Folge ergaben sich Urlaubslagen, die sich z.T. an den Schulferien orientierten bzw. an persönlichen Erfahrungen und Vorstellungen über Urlaube, die im Ausland verbracht werden sollten. Beschäftigte ohne Kinder bevorzugten etwa den Mai oder den September.

Von der mengenbezogenen Aufteilung her ergaben sich unterschiedliche Typen der Entscheidung. Es gab Kollegen, die für vierzehntägige Blöcke schwärmten, andere wollten sich vier Wochen hermetisch abschließen, richtig abschalten sozusagen und den Rest des Urlaubs bei Bedarf verteilen.

Unterschiede bestanden und bestehen in der Ausgestaltung des Urlaubs. Dem bereits angesprochenen Wunsch des Wegfahrens bzw. Wegfliegens in entfernte Urlaubsziele stellten sich andere Vorstellungen "gegenüber". Hierzu gehörte das intensivere Kümmern um Kinder und Familie ebenso wie das durch Muße gekennzeichnete Abschalten in den häuslichen vier Wänden. Es stellte sich auf diese Weise ein ausgiebiges, individuell-unterschiedliches Kontrastprogramm zur Arbeit am Menschen heraus. Gelegentlich kam es zur Trennung von "Lebensabschnittspartnern", die offenbar die qualitative Regeneration nachhaltig störten. Eine innere wie eine äußere Distanz zu Pflegebeziehungen und Arbeiten um den Menschen herum, können als Gesamtmuster festgehalten werden, die ich in den Abschnitten über das Zeitmanagement und die Zeitsouveränität wieder aufgreifen werde.

Dies gilt auch für Aspekte von Arbeitsinhalten, die für die Belange eines Krankenstandes zweifelsohne von Bedeutung sind.

Ich möchte noch einen letzten Gesichtspunkt benennen, der für die Bedeutung des Krankenstandes, seine Entstehungsmotive und Bewältigungsformen- und möglichkeiten kennzeichnend ist. Es sind dies sogenannte Ad-hoc-Gespräche, die spontan und situationsangemessen entstanden. Sie sind Bestandteil des o.beschriebenen Befindlichkeitsmanagements und signalisieren ein Eingehen von Leitungskräften auf "motivationale Störungen", von Gereiztheiten u.a.m. In diesen Gesprächen ergab sich die Möglichkeit, sich dazu zu äußern, um die jeweilige unangenehme Situation zu händeln. Gemeint sind hingegen nicht offizielle Sprechstunden vor und nach dem Dienst, sondern situationsbezogene Einlassungen mit der Absicht, eine gemeinsame Problemlösung herbei zu führen.

Im Unterschied zu genannten und beschriebenen Charakteristika des informellen Stützsystems, die zunächst und im wesentlichen arbeitsbezogene Belange aufgreifen, liegt der Schwerpunkt der ad-hoc-Gespräche auf "brennenden Themen" der Privatheit, wie beispielsweise extreme Belastungssituationen eines einzelnen Beschäftigten durch den Beziehungspartner, die eine gemeinsame Gesprächsbereitschaft und Belastbarkeiten bezogen auf zwischenmenschliche Probleme zur Grundlage haben bzw. diese erfordern.

Die professionelle Einstellung der Pflegekräfte und die gegebene Unterschiedlichkeit von Perspektiven erlauben eine außerordentliche Fähigkeit, Optionen zur Problemlösung zu finden. Die Ad-hoc-Gespräche führten zu einem Gefühl des Aufgehobenseins durch vertraut gewordene Figuren und Persönlichkeiten.

Die beschriebenen Aspekte zum Beobachtungsausschnitt des Krankenstandes stellen in der Gesamtschau unterschiedliche Meinungen dar, basierend auf Erfahrungen in Arbeitswelten, die zunächst Gesichtspunkte der Entstehung, wie etwa die Einstellung zur Arbeit in der Altenpflege, thematisieren.

Ferner und in der Konsequenz werden diverseste Formen der Bewältigung in individueller wie in sozialer Hinsicht assoziiert. So wird nicht davor zurückgeschreckt, jemanden gegebenenfalls zu entlassen, allerdings wohl eher aus Gründen fehlender Solidarität gegenüber den KollegInnen.

Im Vordergrund stehen jedoch konstruktive Problemlösungen und Strategien der Bewältigung. Hierzu gehören emotionsbezogene und kommunikative Einlassungen der Belegschaftsmitglieder untereinander. Neben einer durchweg legitimen Disziplinierungsfunktion standen eher gestalterische Aspekte als Beweggründe und Lösungsmotive im Mittelpunkt.

Als formell zu bezeichnende Instrumente wie "Rotation", Rahmengestaltung von Arbeitszeit und Arbeitsablauf und insbesondere informelle Strategien wie interkollegiales Befindlichkeitsmanagement, waren bezogen auf die Beziehungsarbeit in der Pflege und kommunikativen Handlungen (Ad-hoc-Gespräche) bezüglich des Arbeitsumfeldes von immenser Bedeutung.

Wesentliches Bindeglied, diese Strategien zum Erfolg zu führen, besteht in der besonderen Fähigkeit der KollegenInnen zur Beziehungsarbeit. Es gehört sozusagen zur Dienstleistungsarbeit dazu, mit zwischenmenschlichen Beziehungen klar zu kommen. Dies ist nicht mit einem besonderen und übersteigerten Helfensyndrom zu verwechseln, sondern unterstreicht vielmehr die Problemlösungskapazitäten der Betroffenen vor Ort und in eigener Sache.

Für das konkrete und zugleich übergeordnete Thema des Krankenstandes legen diese Gesprächs- und Beobachtungsbefunde eine qualitative Dimension dieses Phänomens nahe. Lehrbuchartige Herangehensweisen leisten offenbar zu wenig (vgl. den Kontrast zur Pflegestation), um die Probleme adäquat, d.h. aus der Altenpflege heraus zu beschreiben, geschweige denn geeignete Problemlösungen anzubieten.

Die Befunde zeigen, daß der Perspektivenreichtum der Betroffenen vor Ort, deren Meinungen, biographische Hintergründe, innere und äußere Motivation gegenüber der Pflegearbeit und Kompensationsstrategien, ein hinreichend weites Terrain an Problemlösungsoptionen bereithält.

Aus der Perspektive des Managements auf den unterschiedlichsten Gebieten, Abteilungen und Zuständigkeiten, hat dies zur Konsequenz, daß die gespeicherten Erfahrungen und Hintergrundwissensbestände- und kombinationen gezielt abgerufen und in den Entscheidungsprozeß mit dem Ziel, den Krankenstand zurückzuführen, einbezogen werden können.

Statushöhere Belegschaftsmitglieder wie die Leitungskräfte vermögen offenbar in besonderer Weise, kreatives Problemlösungshandeln hervorzulocken und zu fördern. Die Fähigkeit, unterschiedlichste Perspektiven zuzulassen, setzt einen gelebten demokratischen Führunsstil voraus, der die Grundlage schafft, das Leben im Heim sowohl für das Personal als auch bezogen auf die Bewohner und Kunden erträglich zu gestalten und an dem alle Akteure zu partizipieren vermögen.

Das Ergebnis dieser Einlassungen seitens der Leitungskräfte und der demokratischen Kultur der Dienstleistungsarbeit wirkt am Ende strukturbildend, mit der Folge ehemalige Gewohnheiten, Einstellungen und Wahrnehmungen der Altenpflege zu reinterpretieren und fortzuentwickeln. Hierzu gehören meines Erachtens die leitungsbezogene Begleitung der Entwicklung von Persönlichkeitsmerkmalen, die Veränderung einzelner Mitarbeiter ebenso wie die Option durch neue Mitglieder gegebenenfalls neue Perspektiven zuzulassen. Wer könnte dies besser leisten, als die Kräfte und Menschen vor Ort und in eigener Sache.

Im folgenden möchte ich den Gesprächs- und Beobachtungsausschnitt des Führungsstils näher beleuchten.

7. Führungsstil

In der Zeit der teilnehmenden Beobachtung war von Führungsstilen unter den Kollegen und Kolleginnen häufig die Rede. In kurzen Reflexionsphasen wurde von eigenen Erfahrungen aus dem Berufsleben berichtet, die Form des Führens tiefgreifend und z.T. leidenschaftlich erörtert. In diesem Zusammenhang wurden eingehend Führungsstile, die durch den Weg direkter Anweisung gekennzeichnet sind, scharf kritisiert und zurückgewiesen. Es ging dabei nur in zweiter Linie um die Inhalte der Anweisungen. Im Vordergrund selbst stand eindeutig der zwischenmenschliche Beziehungsaspekt mißachteter Persönlichkeit durch die vorgesetzte Person.

Mißbilligt wurde zudem an diesen Personen, daß diese ihre Arbeit überwiegend mit Schreibtischanwesenheiten- und verantwortlichkeiten gleichsetzten, mithin wenig bis gar kein Interesse daran zeigten, alternative Meinungen, Einstellungen, geschweige denn Arbeitsformen zuzulassen.

Dies habe die sogenannte funktionelle Pflege mitbedingt, wobei aktivierende Aspekte der Altenpflege ausgeblendet würden, bzw. wurde der Zusammenhang zwischen "autoritärem Führungsstil" und funktioneller Pflege hergestellt. Die damit verbundene Anweisungsform war gleichsam inhaltsgleich oder gleichbedeutend mit Statusabgrenzungen, trennscharfen Zuständigkeiten und Verantwortlichkeiten.

Komplementär zu dem autoritären Führungsstil wurde jedoch gleichermaßen ein sogenannter laissez-faire-Stil als unangemessen für die Altenpflege beschrieben. Es müsse Führung geben, lautete wiederholt eine dementsprechende Forderung. In der Mitte lag wie so oft die Wahrheit. Es wurden mit adäquater Führungsarbeit Begriffe und gleichbedeutende Einstellungen und Interpretationen wie Mitwirkung, Mitsprache, Mitbestimmung, assoziiert.

Ein größerer Teil der Belegschaft grenzte sich vom gewerkschaftlichen, betriebsrätlichen Mitbestimmungsbegriff ausdrücklich ab mit der Begründung, man fühle sich durch die zuständige Gewerkschaft oder den Betriebsrat nur unzureichend vertreten. Diese Institutionen bzw. gewählten Gremien müßten sich häufiger blicken lassen und die individuellen Interessen der Beschäftigten stärker und vor allem bewußter wahrnehmen. Andere Belegschaftsmitglieder wiederum fühlten sich durch die gewählten Vertreter im Grunde beschützt.

In berufsbiographischer Hinsicht zeigten sich mindestens zwei Einstellungs- und Perspektivenmuster. Den ersten Typus möchte ich als passiv und passiv/aufbegehrend bezeichnen. Der zweite ist der Typus der "Modernisierung".

Der geschilderte Fall G. zeigte eine eindeutige Befehlsempfängerstruktur, d.h. die betreffende Kollegin nahm Anweisungen und Vorgaben verschiedenster Ausprägung entgegen und setzte sie eher kritiklos in die Tat um. Es zeigten sich lediglich gelegentliche Aufgeregtheiten, aber auch - je höher das Maß an Vertrautheit wurde-

kritisches Hinterfragen. Dieses erfolgte stets in informellen Schutzräumen in Gestalt des Pausenraumes und in Anwesenheit vertrauter Kollegen. In diesen Gesprächen wurden letztendlich Erfahrungen ausgetauscht und damit verbundene Kontraste.

Gelegentlich hatten diese Gespräche im vertrauten Kreise eine erhellende Wirkung nicht nur für Frau G., sondern auch für die jeweilige Einstellung zur Vergangenheit insgesamt, die nun endlich zur Sprache kam.

Frau R., eine zweite zentrale hauswirtschaftliche Kraft, repräsentierte einen etwas aufbegehrenden Typus von Einstellungen gegenüber Vorgaben "von oben". Der Weg ging über die institutionellen Interessenvertreter und hatte damals ein übles Nachspiel, auf dessen Schilderung ich allerdings verzichten möchte.

Der Führunsstil der Wohnbereichsleiterin, obgleich ihr Stil noch keineswegs Struktur geworden ist, erzeugte Handlungsspielräume aller Beschäftigten, so auch bei Frau R. Sie erhielt eine eigene Zuständigkeit und eine eigene Verantwortlichkeit und gestaltete im Laufe der Zeit einige Dinge in der Küche des Wohnbereichs um und wurde dadurch genießbarer. Sie lachte auffallend viel und auch gelegentlich über Geschehnisse und Erlebnisse aus der Vergangenheit.

Anzumerken ist, daß die Wohnbereichsleiterin nach etwa 3 Monaten der teilnehmenden Beobachtung ihre Leitungsaufgabe übernahm. Der ehemalige Wohnbereichsleiter stieg zum Pflegedienstleiter auf. Dieser Personalwechsel und die damit verbundene Umbruchsituation, welche durch die Pflegeversicherung verstärkt wurde, führte zu neuen Interpretationen und Wahrnehmungen im Beziehungsgeflecht der Leitungsebenen des Wohnbereichs, des Pflegedienstes und schließlich der Heimleitung.

Aus dieser gesamten Umbruchsituation sowohl für den Pflege- als auch den hauswirtschaftlichen Bereich, kristallisierte sich zunehmend der o.genannte Modernisierungstypus heraus. Dieser Typus hatte und hat die Gestalt von Zwillingen. Das Trennende ist auf der einen Seite in traditionellen Erfahrungen und Deutungsmustern von Pflege zu sehen. Er ist gespeist aus Erfahrungen der Beschäftigten dieser und anderer Dienstleistungsarbeit bzw. vermittelten Inhalten aus dem Unterricht zur Altenpflege. Den Pflegehelfern fiel es gelegentlich schwer, den eigenen Weg aus diesen deutungsbezogenen Vorgaben zu wählen.

Auf der anderen Seite brechen Modernisierungsanforderungen nicht nur Handlungs- und Denkweisen der Führungskräfte der Leitung sowie der Pflegefachkräfte auf, sondern zwingen zugleich zu Reinterpretationen des Pflegesystems vor dem Hintergrund des eigenen Hauses. Diese deutungsbezogenen Neuerungen werden wiederum bewertet und z.T. kritisch beäugt.

Das Einende dieses Typus besteht in dem Zusammentreffen von alt und neu. Für beide Elemente entstehen Unsicherheiten, aber vor allem Chancen von Partizipation. Die Einführung der Pflegeversicherung und der Versuch, mit dem Personal zu einem für den Wohnbereich angemessenes Pflegeleitbild- und konzept (s.entsprechenden Abschnitt) zu gelangen, erzeugten z.T. Widerstände, ließen eingeräumte Chancen verstreichen bzw. nach langer Reflexionszeit und Intervention der Wohnbereichsleiterin letztlich doch m.E. nutzen.

Auch und gerade in diesen Umbruchsituationen, die durchaus existentieller Art sind, zeigt sich das bewährte und reproduzierte informelle Stützsystem des Wohnbereichs. Es kam fortan zu inhaltlichen Gesprächen, nicht selten zu Streitgesprächen, die den Inhalt der Arbeit in der Pflege zum Thema hatte. Die Folge waren ad-hoc-Definitionen zur pflegerischen Arbeit, wobei eindeutig ethisch-menschliche anstatt verwaltungsbezogene oder rein ökonomische Standpunkte im Vordergrund standen.

D.h. nicht, daß die Auslastung der Appartements nicht auf Gegenliebe gestoßen wäre. Schließlich hängt der eigene Job daran. Es dominierten hingegen eindeutig menschliche Aspekte der Pflege, die nicht zuletzt vor dem Hintegrund der Pflegeversicherung zu kurz kämen.

Die Umbruchsituation provozierte das Festlegen von Meinungen, von Einstellungen zur Pflege und führte zusehends dazu, ehemalige Gleichgültigkeit bzw. Gefolgschaft für die Zukunft so weit wie möglich auszuschließen. Kritisiert wurden insbesondere Verwaltungsdenken und übergeordnet fremdbestimmtes Zuarbeiten.

Das informelle Stützsystem erfuhr eine Fortsetzung in arbeitsinhaltlicher- und organisatorischer Hinsicht. Nicht nur wurden Instrumente wie Pflegeplanung und Pflegedokumentation verstärkt genutzt, um eigene Positionen zu erzeugen, zu festigen und diese kundzutun. Darüber hinaus diente das Erzeugen einer eigenen Pflegeposition eine Positionierung gegenüber Dritten, wie beispielsweise den Vorstandsmitgliedern des Trägers oder etwa dem Medizinischen Dienst der Krankenkassen.

Das Team war und ist durch seine Typen, seine Persönlichkeiten ideal besetzt. Es gibt Kollegen und Kolleginnen, die kaufmännische Hintergründe mitbringen und es lassen sich intellektuell-leidenschaftliche Charakteristika unterscheiden, die nicht zwangsläufig auf eine einzelne Person vereint sind. Es läßt sich vielmehr auf der Ebene von Wohnbereichsleitung plus der Stellvertretung bis hin zu den üblichen Pflegefachkräften ein gesamtes Anforderungs- und Qualifikationsniveau beschreiben, das de facto in der Lage ist, die geforderten Modernisierungserwartungen von außen adäquat zu erfüllen.

In der Fortsetzung des bewährten informellen Stützsystems scheint meines Erachtens das Kernstück zu liegen, das letztlich dazu führen mag, aus dem Ganzen mehr zu machen, als die Aneinanderreihung seiner Einzelteile ergäbe. Das Stützsystem wurde denn auch rückgekoppelt mit den anderen Pflegekräften und Helfern sowie dem hauswirtschaftlichen Personal.

Die Führung besteht demzufolge in der Moderation der verschiedenen Anforderungen mit den **verschiedenen Perspektiven** der Beschäftigten.

Das Ergebnis ist u.a. ein gelebtes, von innen gewonnenes integriertes Management, das die Probleme in eigener Regie zu lösen vermag.

Moderation bedeutet u.a. Kommunikation und entsprechende Fähigkeiten, Rollenerwartungen zu erfüllen, Werte der Arbeit zu definieren, Einstellungen zur Arbeit vorzudenken und nicht vorzugeben oder gar zu befehligen.

Diese Kompetenzen vor dem Hintergrund des bisher Geschriebenen und Verfaßten aus der teilnehmenden Beobachtung sind Inhalt des nun folgenden Abschnitts zur Kommunikation des Personals.

8. Kommunikation innerhalb des Personals

Ich möchte mit diesem Abschnitt den üppigen und weitreichenden Kommunikationsmodellen kein weiteres oder besseres hinzufügen, sondern lediglich Beobachtungs- und Erzählausschnitte zum Anlaß nehmen, relevante Aspekte unterschiedlichster Kommunikationsformen- und ebenen zu einer fallbezogenen Synopse zusammenzutragen.

Aus den Selbstthematisierungen der betreffenden Kollegen und Kolleginnen ergeben sich verschiedenste Inhalte, Sprachebenen - hier ist für Linguisten eine große Menge

Honig zu saugen - und insbesondere ein immenser **Perspektivenreichtum**. Die Rede war bereits von formellen wie informellen Kommunikationsverfahren vor Ort, die sich weitgehend unabhängig von der fremdeinwirkenden Größe der Pflegeversicherung einstellten und sich wegen ihrer Bewährung im konkreten Pflegealltag reproduzierten bzw. reproduziert wurden. Das Gespräch wurde stets gesucht und in der Regel auch gefunden.

Wie nicht anders zu erwarten, dominierten innerhalb der Belegschaft Pflegetthemen in den diversesten Facetten. Beispielsweise konkrete Themen der pflegebdürftigen Bewohner des Tages, Geschehnisse im Verlauf, sozusagen Pflegekarrieren einzelner Bewohner und gelegentlich wurden Befindlichkeiten nichtpflegebedürftiger Bewohner und Bewohnerinnen erörtert, die durch Elemente der täglichen Beobachtung aus pflegerischer Sicht herausragten und der Mitteilung bedurften.

Selbstverständlich galten derartige Positionen und Artikulationen grundsätzlich der Verschwiegenheit über damit verbundene Privatheiten und Intimitäten der unterschiedlichsten Ausprägungen. Der geneigte Leser oder die geneigte Leserin wird sich vorstellen können, wovon die Rede ist. Nicht nur, daß es mir aus datenschutzrechtlichen Gründen untersagt ist, sondern auch aufgrund der Tatsache, daß Sie aus der Praxis kommen, sich in dem Stadium von Umschulung, Erstausbildung, Fortbildung oder Universitätsstudium befinden, diese Gesprächsthemen kennen.

Weitere Themenblöcke innerhalb der Belegschaft waren arbeitsablauftechnischer Gestalt und betrafen neueste Errungenschaften und professionelle Zurkenntnisnahme der Institutionalisierung von Qualitätsstandards. Hierzu gehörten beispielsweise die Utensilien für einen Krankenhausaufenthalt. Zugleich wurden derartige Maßnahmen, z.T. sind es Vorschriften, die von seiten des Pflegepersonals aus einer bestimmten Pflegesicht und Position heraus bewertet und gelegentlich kritisch hinterfragt wurden.

Demnach war der Pflegebezug hergestellt, allerdings von den Experten und Expertinnen in eigener Sache, Anregungen konstruktiver Art nicht zu überhören.

Die Leitung des Hauses, des Pflegedienstes desselben, sowie insbesondere des Trägers täten gut daran, diese reichen und reifen Früchte "abzuholen". Es wäre an einen eigenen Qualitätszirkel "Schnittstellenanalyse" in diesem Zusammenhang zu denken. Ein informeller Gesprächsrahmen ist meines Erachtens vollkommen hinreichend, um derartige Informationen einzuholen.

Naheliegend ist in diesem Kontext ein weiterer Themenschwerpunkt. Er betrifft das schlummernde Pflegeverständnis der Belegschaftsmitglieder, welches sich in Fällen und Situationen der o.beschriebenen Art ausdrückt, allerdings eher übergeordnete Fragestellungen der Altenpflege aufgreift. Gemeint sind in erster Linie Abstraktionen aus dem alltäglichen Geschehen heraus, die beispielsweise eine generelle Umgehensweise des Themas Sterbebegleitung beinhalten und dieses vertiefend und differenzierend behandeln.

In der Zusammenschau ergeben sich nach intensiver Abwägung annährungsweise gemeinsame Positionen und insbesondere Werthaltungen, die ein spezifisches Bild zur Altenpflege ergeben, dem alten Menschen insgesamt mit all seinen individuellen Besonderheiten und persönlichen Vorlieben sowie seinen klaren oder diffusen Vorstellungen über das eigene Sterben.

Ein anliegender Themenblock bezieht sich eher auf interne Kommunikationsformen, d.h. interkollegiale Gespräche als die gemeinsame Erörterung von Themen der Bewohner. Hierbei steht die eigene Position und Situation der Pflege und analog der Hauswirtschaft im Vordergrund. Das bereits ausgeführte informelle Stützsystem sei an dieser Stelle nochmals in Erinnerung gerufen.

Beobachtbar waren gleichsam differenzierte Ansichten gegenüber informellen und formellen Gesprächsinszenierungen und desweiteren spannungsreiche Thematisierungen im Qualifikationsfeld von Pflegefachkräften und Pflegehelfern.

Formelle Verabredungen zur morgendlichen Dienstbesprechung beispielsweise oder Übergaben an den Nahtstellen der drei Dienstblöcke (Früh, Spät, Nacht) wurden diszipliniert wahrgenommen. Der Informationsgehalt aus einer Dienstbesprechung hielt sich -so die einhellige Meinung - aber gelegentlich in eher engen Grenzen. Die Übergaben waren indes sehr angenehm, weil sie die Gestalt präziser Informationsweitergabe hatten und die Diensthabenden nicht unnötig langweilten.

Ein Schwerpunkt lag in dem Bestreben der Leitungskräfte, möglichst alle an der Pflege Beteiligten an der Dokumentation der aktuellen Geschehnisse und Verläufe relevanter pflegebedürftiger Personen des Wohnbereichs mitwirken zu lassen. Dies war u.a. verbunden mit dem Ziel, genaue Informationen, die verwertbar und nachvollziehbar sein sollen, zu erhalten. Außerordentlich bedeutungsvoll waren in diesem Zusammenhang Maßnahmen, wie die Einrichtung einer Kladde, die u.a. dazu führte, Barrieren, die darin bestanden, für das Eintragen in das Dokumentationsblatt genügend Courage aufzubringen, abzubauen.

Eine weitere wesentliche Maßnahme in diesem Kontext war das informelle, fast spontane Abfragen zwischen Tür und Angel seitens der examinierten Pflegekräfte. Und hiermit komme ich zu einem analogen Befund, der dem informellen Stützsystem entspricht und zwar dem Benennen des Effektes, daß z.T. umfangreiche Eintragungen vorgenommen wurden. Zeitweise erzeugten diese eine Informationsflut, die es zuweilen einzudämmen galt.

Klar erkennbar war allerdings die Entwicklung persönlichen Engagements, zunächst in Kladde-später in Dokumentationsform-, Relevantes vom Pflegetage einzutragen und sich somit weiter einzubringen.

Dieses Sich-Einbringen hatte eine persönliche und qualifikationsbezogene Aufwertung der beschäftigten PflegehelferInnen zur Folge. Auf diese Weise gelang es, unterste Statusgruppen in den unterschiedlichsten Befristungs- und Teilzeitkonstellationen für höhere Aufgaben zu gewinnen und gleichsam schlummernde Kräfte auch bei ihnen zu wecken.

Mit diesem Befund ist zugleich ein schwelender Konflikt zwischen den Statusgruppen Pflegefachkräfte und Pflegehelfer und hauswirtschaftliches Personal indirekt angesprochen.

Beobachtungsausschnitte und Gesprächsinhalte der HelferInnen und damit verbundene Wahrnehmungen, die durch informelle Gespräche der Pflegefachkräfte erzeugt wurden, riefen nicht selten Mißgunst, empfundene Mißachtung in Teilen der HelferInnengruppe hervor. Die Wahrnehmung gipfelte in einem Vorwurf an die Fachkräfte, sie würden ausnahmslos ihr eigenes Süppchen kochen. Sie (die Helfer) selbst, seien lediglich der verlängerte Arm, von im Dienstzimmer ersonnener Gemeinheiten und Miesheiten.

Die Wahrnehmung und Intervention der Leitungskräfte des Wohnbereichs wiederum griff meines Erachtens an einer wunden Stelle ein, indem die Arbeit der Helfergruppe in kleinen, aber überschaubaren Schritten aufgewertet wurde. Auf der HelferInnenseite erzeugte dieses Vorgehen zweierlei Reaktionstypen.

Zum einen wurde der Widerstand, Relevantes mitzuteilen, eher größer und gipfelte in einem bearbeitbarem Mißverständnis von Handlungsabsicht und nicht gewollter

Nebenfolge. Zum zweiten wurden Reaktionen erzeugt, die darin bestanden, sich durch mehr Initiative einbringen zu können und zu wollen und zusätzlich Rückenwind zur bewußt gewählten Berufswahl zu erhalten. Dies zeigte sich besonders an der Einstellung einer beschäftigten Helferin, die nach der Erziehung von Kindern mit knapp 40 Jahren noch eine berufliche Herausforderung gesucht und gefunden hat.

Die überwiegende Anzahl von Reaktionen sind eindeutig dem letztgenannten Typus zuzurechnen. Für die Leitungsebene des Wohnbereichs bedeutet dies einen bemerkenswerten Erfolg.

Anerkennung für derartige Erfolge gab es in der Zeit der teilnehmenden Beobachtung spürbar wenig. Die Managementarbeit der Wohnbereichsleitung bestand nicht nur in der Tatsache, nach und nach gute Leute ins Boot zu holen, sondern auch darin, die soziale Chemie innerhalb des Personals abzustimmen und die teils höchst unterschiedlichen Berufs- und Persönlichkeitstypen zusammenzufügen, ohne die jeweilige Individualität über Bord zu stoßen.

Nicht unerwähnt bleiben sollen private Themen der Komunikation innerhalb des Personals. Z.T. hate ich diese im Zusammenhang mit dem informellen Stützsystem benannt und ausgeführt. Insgesamt läßt sich diesbezüglich ein Akzeptanzverhältnis zwischen Intimität und Anonymität festhalten, das auf der einen Seite dazu führte, sich zu privaten Geschehnissen äußern zu wollen. Auf der anderen Seite hatten diese einen derartigen Druck erzeugt, daß man sich nichtsdestotrotz äußern wollte und dann auch Gehör fand. Es läßt sich als internes Krisen- und Konfliktmanagement beschreiben, indem Konfliktherde aus dem privaten Bereich durchaus offensiv angegangen wurden. Diese Formen informeller Kommunikationshandlungen ersetzten, bzw. machten gegebenenfalls notwendig gewordene Rückkehrgespräche "präventiv" überflüssig.

An dieser Stelle ist der Rückkehrschluß zum bereits abgehandelten Abschnitt "Krankenstand" angezeigt, denn durch die Umsetzung der beschriebenen Maßnahmen hielt sich der Krankenstand im einstelligen, d.h. erträglichen Prozentbereich.

Zusammenfassung

Das informelle Stützsystem, welches die Beschäftigten unabhängig von Pflegeversicherung und Qualitätssicherungsmaßnahmen entwarfen und im Laufe der Zeit stets reproduzierten, erfuhr in diesem Zusammenhang Verfeinerungen. Gerade die durch gesetzgeberische Maßnahmen provozierte Umbruchsituation bewirkte eine Art Optimierung eines für den Wohnbereich immanenten Managements, daß auf natürliche Weise formelle Leitungsinterventionen im Zusammenspiel mit informellen Charateristika und Eigentümlichkeiten von Managementtechniken verband. Hierzu zählt ganz wesentlich das wohnbereichsspezifische Kommunikationsmodell in der dargestellten Form.

Ich möchte noch eine für diesen Gesprächs- und Beobachtungsausschnitt abschließende Bemerkung machen.

Das spezifische Kommunikationsmodell des Wohnbereichs als Teil des informellen Stützsystems hat unterschiedlichste Adressaten, Empfänger, Inhalte und Formen zum Gegenstand. Insbesondere sind es die damit verbundenen thematischen und personenbezogenen **Perspektiven**, die darin zum Ausdruck kommen.

Dieser Reichtum an Perspektiven und immanenten Problemlösungskapazitäten der Belegschaftsmitglieder sind von unschätzbarem Wert. Er ist wertvoll hinsichtlich motivationaler und menschlicher Aspekte des Personals und erlangt nichtsdestotrotz Anerkennung bei anderen Kollegen anderer Stationen (provoziert natürlich auch

Neidgefühle) und schließlich bei den Pflegeinteraktionspartnern, den pflegebedürftigen Bewohnern.

Nicht selten gab es anerkennende Worte und Gesten seitens der Bewohner, ob sie nun pflegebedürftig waren oder nicht.

Damit möchte ich überleiten zu einem weiteren wichtigen Bestandteil des spezifischen Kommunikationsmodells des Wohnbereichs. Die Rede ist von der Kommunikation der Bewohner untereinander. Hierbei sind prägend zwei Ebenen zu unterscheiden. Einmal die im Abschnitt zum Spätdienst angedeuteten Kommunikationsverfahren der Bewohner und zwar sowohl der pflegebedürftigen wie der nichtpflegebedürftigen. Gemeint ist die direkte Kontaktsuche innerhalb der Bewohnerschaft.

Die zweite Ebene der Kommunikation hebt den Aspekt der Isolierung infolge spezifischer Pflegebedürftigkeit, wie etwa der des Schlaganfalls, mit seinen einschränkenden Folgewirkungen für Körper und Seele hervor.

9. Kommunikation der Bewohner

Im Abschnitt über den Spätdienst ging ich bereits auf einzelne Aspekte der Kommunikation innerhalb der Bewohnerschaft ein. Ausgangspunkt war die Kontaktzone "Cafeteria" und dabei Optionen der Kontaktherstellung und der Kontakterhaltung.

Die Rede war in diesem Zusammenhang von Gewohnheiten vertrauter Persönlichkeiten des eigenen Lebens, Familienangehörige, Freunde und Freundinnen, aber auch von der gedachten und teils auch gelebten Neugierde nach neuen "frischen" Menschen und damit verbunden die Neugier auf einzelne Geschichten. Von einigen

Bewohnern wurden in der Cafeteria Fragen gestellt, wer man sei, was man mache...Teilweise vermochten diese Kommunikationsabsichten und tatsächlichen Handlungen bzw. zaghaften Versuche in einem durchweg disziplinierenden Raum, eine gewisse Langeweile auszugleichen. Die beobachteten Befunde wurden im wesentlichen von den Kollegen und Kolleginnen bestätigt. Sie sahen es sehr ähnlich und validierten somit die Ergebnisse, das Interesse an tatsächlichen Neuheiten und Neuigkeiten. Auch dies kann selbstverständlich auch gewohnheitsbezogen sein. Nichtsdestotrotz zeigten sich unterschiedliche Motive, Kontakte zu suchen und diese auszugestalten. Diese Vielfalt an Interessen und Intentionen schuf eine lebendige Atmosphäre und überlagerte zudem den üblichen, insbesondere werktäglichen Alltag.

Es zeigten sich darüber hinaus Kontakte, Gespräche zu den Mahlzeiten, die sowohl pflegebedürftige als auch nichtpflegebedürftige Bewohner und Bewohnerinnen zusammenführte. Auf diese Weise entstanden Wiedersehenssituationen einzelner Bewohner, die beispielsweise grippebedingt einige Tage darniederlagen und nun zum Mittagessen wieder erschienen.
Es gab Gesten des Mißfallens, wenn Bewohner aus welchen Gründen auch immer nicht an ihrem angestammten Platz zu sehen waren. In der Regel wurde denn besorgt nachgefragt, manchmal auch nicht...

Diese Gesten und häufig wiederkehrenden Beobachtungen signalisierten zugleich emotionale Befindlichkeiten anderen Bewohner gegenüber. Von der Befindlichkeit des einzelnen Bewohners war bereits ausführlich in den Abhandlungen zum Früh- und Spätdienst die Rede.

Die Emotionen zwischen den Bewohnern, bzw. auf einzelne Bewohner bezogen, zeugten von Sympathien und auch Antipathien, von Eifersucht und z.T. tiefergehender Abneigung. Nicht gerade selten spielten politisch höchst unterschiedliche Positionen und Artikulationen eine gewichtige Rolle. Gelegentlich waren sie ganz offenbar Ventil oder Mangel an Themen und weitergehender Reflexionen, die eine besonnenere Umgangsform zu Tisch und vom Herzen her erlaubt hätten. Anreize und Anstöße, neue Themen ins Leben zu bringen und zuzulassen, gab es genügend. Der Sozialdienst des Hauses produzierte einen außerordentlich umfänglichen Rahmen von Veranstaltungen, aus denen ein jeder die eine oder andere Anregung hätte mitnehmen können.

Die Vielfalt der Motive und Intentionen der Bewohnerschaft, kommunikative Interessen zu befriedigen, werden durch diverse Formen autonomer Initiativen in Gestalt von Gesprächs- und Vorlesekreisen angereichert. Es gab die Redaktion der monatlich erscheinenden Hauszeitschrift, die z.T. neben terminlichen Vorankündigungen und Rahmendaten, wie beispielsweise Geburtstage, Würdigung verstorbener Bewohnerinnen, das Spargelessen im Mai und andere Veranstaltungen ankündigte auch themenbezogene Beiträge einzelner Bewohner, die ganze Briefe und Biographien oder besondere bremische wie nichtbremische Geschichten und Geschichtchen darboten, koordinierte.

Monatlich traf sich die sogenannte "Bremer Runde", in der sich in Bremen und Bremerhaven geborene "Kinder" zu einem jeweils vorbereiteten Thema palierten. Ich habe selten derart sich selbst tragende oder sich bewährende institutionalisierte Kommunikationsforen erlebt. Nichtsdestotrotz hatten die beiden genannten Foren eher den Charakter von "closed shops".

Langen Bestand hatten allerdings auch mindestens zwei beobachtete Vorlese- und Literaturkreise. In diesem Zusammenhang kann jedoch nicht von einem mengenmäßigen Menschenauflauf gesprochen werden. Dies stand auch wohl nicht in der Intention der Initiatoren.

Der Lese- und Vorlesekreis kündigte sich beim Gang über die Flure durch betontes und gleichatmiges Reden in einer maximal 5-köpfigen Zuhörerschaft an. Die Eile, in der die Arbeit zu verrichten war, erlaubte es nicht, anzuhalten oder gar innezuhalten. Gelegentliche Nachfragen ergaben, daß die Themen literarisch selbstbestimmt gewählt worden waren. Als Soziologe dachte ich mir, daß Selbstbestimmung schon immer ein Thema gewesen sein muß und nicht erst durch die Wertewandeldiskussion der 80-er Jahre dieses Jahrhunderts mit all ihren streitbaren und zugleich interessanten Befunden eines wurde.

Die Rolle des Pflegehelfers ließ mich erahnen, daß wir, d.h. die Gesamtheit der Pflegekräfte mit Blick auf die Bewohnerschaft, ob nun pflegebedürftig oder nicht, uns nicht für alles verantwortlich oder zuständig fühlen müssen, wenn es darum geht, daß ältere und hochbetagte Menschen eingedenk ihrer individuellen Interessenlagen, sich selbstorganisiert einen schönen Lebensabend bereiteten.

Bestätigt sah ich mich in dieser Auffassung durch den im letzten halben Jahr der Beobachtungszeit entstandenen Literaturkreis. Eine ehemalige Studienrätin konnte offenbar ihre biographisch gewachsene Lust und Leidenschaft für Literaturgänge nicht länger verschmähen und wurde fortan initiativ. Hinzu kam das Interesse und die Absicht, andere Bewohner/innen einzubeziehen. Diese selbstgeschaffene kommunikative Handlung dieser Bewohnerin ist Ausdruck der Vielfalt an Motiven und Interessen, die zu unterschiedlichen Handlungen führen können.

Als Gerontologe, der sich in seiner Dissertation mit alltagskreativen Handlungsentwürfen im Rahmen einer Querschnittsanalyse von Myokardinfarkt - und Osteoporosepatienten ausgiebigst beschäftigte, war durch diese Beobachtungsbefunde der o.beschriebenen Art die Zufriedenheit und Erkenntnis gereift, daß ältere und hochbetagte Menschen ihre Handlungsentwürfe eben auch in die Tat umzusetzen vermochten.

Ich hatte zunehmend den Eindruck, daß bei pflegebedürftigen Bewohnern oder Bewohnern mit ernsthaften, lebensbedrohlichen Krankheitsdiagnosen diese Fähigkeit zur Umsetzung, gelebter, leidenschaftlicher ausgeprägt war.

Die beschriebene Vielfalt an Motiven und Interessen der Bewohner an kommunikativen Handlungen unterstreicht in eindrucksvoller Form die immense Bedeutung informeller und formeller Netzwerkstrukturen.

Lese- oder Gesprächskreise, unterschiedlichste alltagskommunikative Handlungen, wie beispielsweise der Small-talk zweier Bewohner vor dem Dienstzimmer oder beim gemeinsamen Friseurbesuch, gemeinsame Fernsehabende oder Spielenachmittage prägten ebenso das vielfältige Bild wie die eher institutionalisierten Formen kommunikativer Handlungen. Der Angebotsrahmen des Sozialen Dienstes des Hauses war breit gestreut, so daß die Wahrscheinlichkeit einer regen -qualitativen wie quantitativen- Teilnahme wuchs.

Von Interesse waren zudem Kommunikationsformen wie etwa das Gedächtnistraining. Hier trafen Bewohner des Wohnbereichs wie auch der Pflegestation erneut aufeinander, es sei denn, sie hatten sich in der Cafeteria noch nicht kennengelernt. Neben einem therapeutischen Effekt -in welcher Form auch immer-, entstanden durch die gleichsam geschaffene Kontaktzone weitere Optionen für die betreffenden Bewohner bezüglich des Pflegens von Beziehungen oder des Herstellens von Kontakten. Durch vorherige Absprache war allerdings auch eine jederzeitige Rückzugsmöglichkeit aus diesen Treffen gegeben.

Die Tatsache, daß sowohl pflegebedürftige und nichtpflegebedürftige, bzw. teilweise mit Krankheitsgeschehen behaftete Bewohner, die vorgenannten und beschriebenen Kommunikationsstrukturen im wesentlichen aus eigenen Interessenlagen heraus einrichteten, ist an dieser Stelle besonders zu betonen.

Dies bedeutet nicht, daß eine zuvorderst harmonische Gemeinschaft vorzustellen ist. Wie gesagt, gab es - und das ist keine Überraschung- Antipathien und weitere negative Emotionen zwischen einzelnen Bewohnern, die zu einer Gemeinschaft selbstverständlich dazugehören. Sie führten gleichwohl zwangsläufig zu Gruppen-, Grüppchen- und Pärchenbildungen.

Auffallend und herauszuheben ist allerdings die soziale Bindung und Bindungsfähigkeit älterer und hochbetagter pflegebedürftiger wie nichtpflegebedürftiger Bewohner. Hierbei mögen unterschiedliche Wahrnehmungen der Betroffenen mitschwingen. Einerseits ist beispielsweise vorstellbar, daß nichtpflegebedürftige Bewohner/innen der Situation eigener Pflegebedürftigkeit vorzubeugen beabsichtigten, in dem sie sich im Pflegefall ebenfalls Kontakte zu "gesunden" Bewohnern wünschten.

Andererseits kann ich Äußerungen von pflegebedürftigen, bettlägerigen Bewohnern erinnern, die heute noch Kontakt zu Mitbewohnern, die noch gehen konnten bzw. weitgehend selbständig waren, pflegten. Dieser Kontakt bestand darin, alte Lieben und Vertrautheiten wiederzuentdecken, und um auch der eigenen Isolierung ein Stück weit zu entgehen.

Isolierungen und unterschiedlichste Rückzugsstrategien einiger Bewohner sind als Kontrastpunkt zu den beschriebenen kommunikativen Handlungen unbedingt zu nennen und verdienen als relevanter Beobachtungsausschnitt einen eigenen Abschnitt.

Ich möchte im folgenden also an einem Fall die Problematik erläutern. Wenn Offenheit und das Gewohntsein von Kommunikation Merkmal von Lebenswille und individueller wie sozialer Qualität des Lebens von Bedeutung sind, dann müssen Abkehr und Rückzug nicht zwangsläufig Ausdruck von Resignation oder Verlust von

Lebensqualität bedeuten. Ich werde hierzu zunächst den Fall einer Schlaganfallbewohnerin rekonstruieren.

Frau St. wohnte zur Zeit der teilnehmenden Beobachtung in einem Einzelappartement auf dem besagten Flur im Parterre, dem sich weitere 9 Appartements, teils Einzel- teils Doppelwohnungen, anschlossen. Dieses Einzelappartement war vergleichsweise klein, d.h. erheblich kleiner als die Einzelappartements der anderen Flure dieses Wohnbereichs und umfaßte ca 25 Quadratmeter.

Zur Aufteilung des Appartements läßt sich sagen, daß nach der Eingangstür ein etwa 5 Meter langer Schlauchflur zur rechten Seite das Badezimmer, und auf der linken Seite eine eingebaute und durchgehende Schrankwand miteinander verband. An der Stirnseite folgte der Wohnraum mit anliegender Terrasse. Im Wohnraum befand sich ein Pflegebett etwas älterer, aber handhabbarer Prägung mit einer Länge von etwas mehr als 2 Metern. Es steht an der Längsseite der rechten Wand. Dort stand am Fußende noch ein Stuhl mit Armlehnen und daneben ein etwa 50X50 cm quadratischer kniehoher Tisch, auf dem sich ein paar Blumen und einige Photos, vermutlich Familienangehörige, für Frau St. vom Bett aus gut sichtbar, befanden. Die Querseite dieser Längsseite war im wesentlichen ein großes Fenster und eine Tür, die zur Terrasse führte. Die Fensterbank war bestückt mit individuell geschmackvollen Blumen und Pflanzen, auf deren Wachtumsfortschritt Frau St. von Zeit zu Zeit und vom Bett oder Rollstuhl aus hinwies. Die Terrassentür bestand aus schmalen, dunklen Holzrahmen und ansonsten aus durchsichtigem Glas. Dieses im Zusammenspiel mit dem Glasfenster erzeugte eine angenehme Helligkeit, natürlich mit Ausnahme von Regentagen.

Auf der gegenüberliegenden Längsseite stand ein großer Schreibtisch, mit kleineren Pflanzen und Bildern liebevoll aufgereiht. In der Ecke von Terrassentür und dieser

Längsseite befand sich ein weiterer geschmackvoller Armlehnstuhl, der Platz gab für einzelne Kleidungsstücke und m.E. von Pflegeutensilien.

Oberhalb des Schreibtisches ist ein bewegliches Fernsehgestell mit Farbfernseher montiert. Frau St. konnte also vom Bett aus ihre gewünschten Filme, Berichte u.ä. sehen. Durch eine Fernbedienung vermochte sie das jeweilige Fernsehprogramm einzustellen. Diese Fernbedienung lag auf ihrem Nachttisch, der sich neben dem Bett am Kopfende befand und zwar an der in der Beschreibung noch fehlenden 2.Querseite. Auf der Rückseite dieser Querseite schloß sich das Badezimmer an, das über den schlauchigen Flur zu erreichen war. Zu diesem Badezimmer gehörte eine Duschzelle mit einem, in die linke Seitenwand eingefaßten, mehrfächrigen Schrank mit einer geschätzten Breite von 50 cm und einer Tiefe von ca. 70 cm und einer Gesamthöhe von über 2 Metern. In diesem Schrank war hinreichend Platz für Hand-und Badetücher, Waschlappen und erforderliche Inkontinenzmaterialien- und utensilien.

Auf der linken Längsseite, wenn man ins Appartement eintritt, war die Tür zum Badezimmer, deren Breite das Einfahren mit einem üblichen Toilettenstuhl gut ermöglichte. Auf der rechten Seite nach Eintritt ins Badezimmer befindet sich das Waschbecken, welches Frau St. "mühelos" vom Toilettenstuhl erreichen konnte. Oberhalb des Waschbeckens war ein Spiegelschrank montiert. Um diesen zu erreichen, war allerdings die Hilfe einer zweiten Person erforderlich. Links neben dem Waschbecken und damit fast in der Ecke der beschriebenen Querseite und dem Auslauf der Längsseite, an der sich die Duschzelle befand, war eine behindertengerechte Toilette angebracht.

Auf dem Wasserkasten dieser Toilette deponierte Frau St. Zahnputzzeug. Somit konnte die jeweilige Pflegekraft leicht die erforderliche Unterstützungsleistung im Zusammenhang mit Mund- und Zahnpflege geben.

Diese räumliche Organisation gab Frau St. die Möglichkeit, sie an diesen wie an allen anderen Maßnahmen der Pflege und auch der Hauswirtschaft teilhaben zu lassen und zumindest optisch das Geschehen zu verfolgen. Die Räumlichkeiten dieses Appartements waren minutiös bzw. aus und mit Liebe zum Detail ausgetüfftelt.

Diese hartnäckige Präzisierung von Anordnung und Einrichtung hatte nicht nur lebenstilbezogene Hintergründe von Frau St. Im Nachhinein muß ich sagen, war es hilfreich, wenn alles an seinem Platz war und kein irgendwie geartetes Durcheinander entstand. Es galt, zur eigenen mentalen und körperlichen Entlastung diese Präzisierung in gewisser Weise zu schätzen.

Die Einrichtungsgegenstände erzeugten einen dunklen Kontrast zu der durch Terrassentür und Fensterbank bewirkten Helligkeit. Die Bewohner dieses Hauses konnten die Möbel selbst wählen. Dadurch bekam man einen ungefähren Eindruck von dieser Person, auch wenn sich über Geschmack bekanntlich nicht streiten läßt.

Ich komme nun zur Person Frau St. selbst und berichte zunächst über Hemmschwellen. Ich lernte Frau St. erst spät kennen. Die Realität gewordenen Einarbeitungsstandards neuer Mitarbeiter stellten sich nicht nur an dieser Stelle als eine Art Glücksgeschehen heraus. Erst nachdem ich mir einiges an Routine angeeignet hatte, stattete ich Frau St. einen ersten Besuch ab. Der damalige Wohnbereichsleiter machte mich zwar zu Beginn der teilnehmenden Beobachtung u.a. mit Frau St. bekannt. Echten ersten pflegerischen Kontakt hatte ich erst nach einigen Wochen. Bis dahin baute sich eine prickelnde Spannung auf. Bis zu diesem Tage, einem Frühdienstmorgen zumal, kannten wir uns vom Sehen und es gab im Vorfeld lediglich ein paar Hospitiernachmittage.

Der Morgen war nun der erste Schritt. Für sie ebenfalls. Allerdings mit dem Unterschied, daß sie von meinem Erscheinen keine Kenntnis hatte. Nach dem Öffnen der Eingangstür war zunächst der Toilettenstuhl aus dem Badezimmer zu holen. Den fuhr man dann in den Wohnraum, der bis dahin durch eine Tür verschlossen war. Nach dem Klopfen und Eintritt schaltete ich die Zimmerbeleuchtung ein. Das war Fehler Nummer 1. Für gewöhnlich war das Licht der Schreibtischlampe hinreichend. Nun ja, Probleme entstehen erst dann, wenn keine Lösung in Sicht ist.

Ich bemühte mich nach Kräften, freundlich zu sein. Sagte so gut es ging "Guten Morgen". Die Erwiderung folgte prompt. Das Eis schien gebrochen.

Frau St. war in Folge eines vor einigen Jahren erlittenen Schlaganfalls auf der rechten Seite gelähmt. Der rechte Arm war von ihr nicht mehr zu bewegen, ebensowenig ihr rechtes Bein und der dazugehörige Fuß. Hinzu kommen außerordentliche Sprachfindungsschwierigkeiten. Die bekannten "Zweideutigkeiten" in Gestalt von räumlichen Beschreibungen wie etwa "oben gesagt, unten gemeint" waren ebenso kennzeichnend für das alltägliche Erscheinungsbild von Frau St. Ich tat mich anfangs außerordentlich schwer, mich mit dem Ablauf, der Frau St. in den Tag helfen sollte, anzufreunden. Gott sei Dank gab es die Gespräche mit den Kollegen und Kolleginnen, die spürbar weiterhalfen.

Ihre Krankheitsgeschichte und die Folgen erzeugten ein ungeheures Maß an Aggressionen, die sich in Schreien und Weinen entluden. Durch die Kollegengespräche in den Pausen stellte sich ein allmähliches Verstehen bei mir ein und ich beschloß, mir ab sofort ein dickes Fell zuzulegen.

Pflegerisch waren zunächst einige unterstützende Handgriffe zu leisten, so daß sie aus dem Bett aufstehen konnte. Sie vermochte sich am Griff des Nachttisches mit der linken Hand festzuhalten. Die Vierteldrehung machten wir beide gemeinsam in kleinen Trippelschritten des linken Fußes. Darauf folgte eine erste Inkontinenzversorgung. Im Anschluß daran setzte sie sich auf den Toilettenstuhl, den ich, während sie stand, in ihre Richtung bewegte. Es war in diesem Zusammenhang von großer Bedeutung, sich hinter den Toilettenstuhl zu stellen, um ein mögliches Fallen von Frau St. entweder zu verhindern oder zumindest abzufedern. Ich trete ihr nicht zu nahe, wenn ich sage, daß sie von großer kräftiger Statur war, die mir vor dem Hintergrund eines möglichen Fallens Respekt abverlangte und meine Aufmerksamkeit nochmals verstärkte. Allerdings passierte in den fast 2 Jahren der teilnehmenden Beobachtung zum Glück nichts dergleichen. D.h. es stellte sich im Laufe der Zeit eine gewisse Routine ein und weil Frau St. eigentlich fast jeden Handgriff meinerseits begleitete, sah sie, daß die meisten dieser Handgriffe nach einiger Zeit saßen. Sie ließ denn mit Lob ihrerseits nicht länger auf sich warten. Nicht nur, daß es mich freute. Ich war völlig verwundert, daß sie dazu überhaupt dazu in der Lage war. Gespielte Ironie war es nach meinem Eindruck nicht.

Der weitere Ablauf, bei dem pflegerische Hände, Füße und gute Nerven vonnöten waren, bestand darin, daß ich sie mit dem Toilettenstuhl in das Badezimmer fuhr und diesen vor das Waschbecken feststellte. Danach zog ich ihr das Nachthemd aus, ließ warmes Wasser einlaufen und legte Waschlappen, Handtücher in Reichweite und sichtbar für sie hin.

Auf der linken Seite des Waschbeckens bereitete ich ihre Mund- und Zahnpflege vor, die sie vollständig und selbständig durchführte. Sie gehört zu den wenigen pflegebedürftigen Bewohnerinnen, bei denen sich im Laufe der Beobachtungszeit fast nichts änderte. Sie bewahrte sich sämtliche verbliebenen Ressourcen mit Hartnäckigkeit bzw. Leichtfüßigkeit. Wenn sie sich daran erinnert fühlte, was sie nicht mehr kann und auch nicht mehr können wird, dann wurde sie ärgerlich, schimpfte und weinte. Sie gehört offenbar eh zu denen, die nah am Wasser gebaut sind.

Die einzige Veränderung bestand darin, daß sie im Laufe der Zeit etwas geduldiger wurde. Dies bezog sich offensichtlich auf kurze zeitliche Episoden. Analog und komplementär dazu entlud sie ihre Aggressionen umso ausdrucksstärker.

Die Morgenwäsche erledigte sie ebenfalls selbständig. Der übliche Ablauf war, daß man die Tür zum Badezimmer zuzog, um im Wohnraum Raum und Bett zu lüften oder dieses besser gleich vor dem ersten Toilettengang zu machen. Danach war etwa eine 3/4-1 Stunde Zeit für andere Tätigkeiten gegeben und es gab Gelegenheit, sich "leichten Fällen" zuzuwenden. Anfangs wirkte jeder andere Fall wie eine Erleichterung, war der Ablauf bei Frau St. zu sehr definiert. Mit zunehmender Erfahrung und Vertrautheit in der Beziehung zu Frau St. trennte ich mich von dieser merkwürdigen Kategorisierung.

Frau St. klingelte nach etwa 1 Stunde und es folgte der zweite ihr gewidmete Pflegegang. Zunächst galt es, Vorbereitungen für die zweite Inkontinenzversorgung zu treffen. Handschuhe anzuziehen, das Toilettenpapier zurechtzulegen, den Mülleimer zu öffnen, den Deckel für den Topf unterhalb des Toilettenstuhls in Griffnähe zu plazieren und Einmalwaschhandschuhe auf den Waschbeckenrand zu legen. Der geneigte Leser oder die geneigte Leserin aus dem Praxisfeld weiß, was jetzt für gewöhnlich geschieht. Deswegen erspare ich und Frau St., Ihnen und mir weitere Details.

Im Anschluß an diese Inkontinenzversorgung fuhr ich Frau St. in den Wohnraum zurück, um ihr beim Ankleiden behilflich zu sein. Dabei galt es, höchst aufmerksam zu sein. Dies war von Vorteil, denn es war die Reihenfolge Netzhose, Unterhose, Strumpfhose, Rock sowie Unterhemd und Bluse genauestens einzuhalten.

Frau St. konnte sich am hochgestellten Gitter des Bettes festhalten, was für die pflegerische Arbeit eine außerordentliche Unterstützung und Erleichterung bedeutete. War alles zur Zufriedenheit verlaufen, setzte sich Frau St. in den Rollstuhl, der nachts über vor dem Tisch am Fußende des Pflegebettes stand und den man, während sie sich festhielt, in ihre Richtung bewegte. Nachdem sie sich gesetzt hatte, erfolgte ein beiderseitiges tiefes Durchatmen. Es mußten noch Schuhe und gegebenenfalls eine Weste oder ein Pullover angezogen werden. Darauf folgten das Anziehen ihrer Armbanduhr, das Zurechtrücken des Nachttisches und das Aufräumen des Wohnraumes von pflegerischen Utensilien.

Zum Abschluß war noch das Badezimmer zu entsorgen. Das Waschbecken zu entleeren, zumeist hatte sie es bereits getan. Wenn noch nicht geschehen, waren Einmalhandschuhe in den Mülleimer zu befördern und dieser sach- und fachgerecht zu entsorgen, der Topf des Toilettenstuhls, der vorzeitig aus dem Stuhl entnommen worden war, mit dem Deckel zu schließen und im dafür vorgesehenen Fäkalienraum zu reinigen und zu desinfizieren. Zum Glück geht so etwas maschinell, sozusagen per Knopfdruck.

In der Regel, also wenn wir uns nicht gestritten hatten, wünschte ich ihr einen guten Appetit beim anschließenden Frühstück. So ging vieles im Laufe der Zeit nach einem beruhigend gleichen Schema, langweilig zwar, aber auch entspannend. Für überraschende Inkontinenzereignisse war der Ablauf lediglich adäquat zu gestalten. Dabei mußte man beste Nerven und viel Geduld aufbringen. Letzeres ist wiederum meine Schwäche. Das ausgearbeitete informelle Stützsystem der Kollegen und Kolleginnen zeigte in diesen kritischen Situationen seine Qualität in ganz besonderer Form.

Dieser ausführlichen Beschreibung zu Frau St. folgt nun eine Schilderung der Person, wie ich sie wahrgenommen habe, aber auch Beschreibungen durch Kollegen, die sie besser kennen und auch wesentlich mehr Erfahrung im Umgang mit sogenannten schwierigen Fällen haben. Ziel der nun folgenden Ausführungen ist das soziale Netzwerk von Frau St. vor und nach ihrer Krankheitsgeschichte. Ein besonderer

Schwerpunkt liegt in dem Vermögen von Frau St., des Erinnerns und der Kommunikation und damit verbundener biographischer Hinwendung und Wahrnehmung von Seiten der Pflegenden. Das dazugehörige Thema der Biographiearbeit werde ich dann im darauffolgenden Kapitel abhandeln.

Nach fast einem Jahr der Beobachtung und der pflegerischen z.T. betreuerischen Arbeit gelang es mir, Frau St. von ihrer Interessenlage her wahrzunehmen. Ich vernahm, daß sie gerne Sportereignisse, insbesondere Fußball und Tennis, im Fernsehen ansah. An einem Spätdienstabend, als ich sie zu Bett bringen wollte, sprach ich sie auf den Ausgang eines Tennismatches zwischen B.B. und einem anderen Spieler an. Sie teilte mir stehenden Fußes das Resultat und ihren ganz persönlichen Kommentar dazu mit. Sie äußerte ihr Mißfallen gegenüber dem Gegenspieler von B.B. Im gleichen Atemzug wollte sie den Namen eines deutschen Tennisspielers mitteilen, den sie für besonders sympathisch hält. Nachdem wir nach längerem gemeinsamen Überlegungen den Namen schließlich herausfanden, zuvor fügte sie noch einige Details, die zum Erinnern des Namens nützlich gewesen waren, hinzu, begab ich mich als geneigter Gerontologe auf die Spurensuche des **Erinnerns** der Lebensgeschichte von Frau St. und würde auch fündig.

Es folgten eine Reihe intensiver Gespräche mit Kollegen und Kolleginnen über deren gemachte Erfahrungen und Wahrnehmungen mit Frau St. Auf diese Art und Weise relativierte sich das festgefügte Bild über sie, indem Positionen dargebracht wurden, welche ihre angenehmen Seiten betonten. Besonders aussagekräftig war aus meiner Sicht die Positionierung durch den Pfleger H. Im Laufe der Zeit hatte sich zwischen ihm und ihr eine innige, herzliche und zugleich distanzwahrende Beziehung ergeben, aus der Frau St. offenbar viel Energie saugen konnte. H. kante Frau St. viel intensiver, als die anderen Kollegen dies taten. Ich möchte deren Pflegeverhältnis nicht im Detail wiedergeben, weil eine gewisse Form und ein gewisses Maß an Verschwiegenheit einfach opportun ist. Pflegerelevant war allerdings u.a. die Erkenntnis, daß Frau St.

mehrmals verheiratet war und die Beziehungsstruktur zu Familienangehörigen und Freunden zu wünschen übrig ließ. Soll heißen, daß Frau St. relativ selten Besuch bekam. Genau kann ich es nicht quantifizieren. Meines Wissens waren es eher monatsweise Sonntagsbesuche. Zum Binnenverhältnis kann ich nicht viel berichten. Sie erzählte wenig über ihr familiäres bzw. ihr gesamtes persönliches Beziehungsnetzwerk.

Auffallend war die Schilderung von H., daß sie während des wöchentlichen Duschens gemeinsam alte Lieder gesungen haben, die sie offensichtlich lückenlos erinnerte. Das Duschen - den Mehraufwand gegenüber einer normalen Waschung möge sich die geneigte Leserschaft vor dem Hintergrund beschriebener Details annäherungsweise ausmalen- geriet zur wohltuenden Nebensache. H. betonte nochmals das lückenlose Erinnern einzelner Strophen und Refrains.

Diese Informationsgabe möge genügen, um zu verdeutlichen, daß die Pflegebeziehung so manches persönliche und soziale Netzwerk einer pflegebedürftigen Person zu kompensieren vermag.

Beziehungs- und damit emotionsbezogene Einlassungen seitens der Pflegekraft haben - das zeigen die mitgeteilten Erfahrungen von H.- zwei Seiten von Nebenwirkungen. Zum einen vermögen sie viel Eis zu brechen, den im Grunde weitestgehend zurückgezogenen Bewohner oder die Bewohnerin, der oder die u.a. die Mahlzeiten, Frühstück, Mittagessen, Kaffeemahlzeit und Abendessen an einem selbstgewählten Einzeltisch zu sich nimmt, aus der Isolation ein Stück weit hervorzulocken und resignativen Tendenzen und Befindlichkeiten entgegenzuwirken.

In diesem Zusammenhang wird die Rückbezüglichkeit des beschriebenen informellen Stützsystems der Belegschaftsmitglieder unterstrichen bzw. deren Wirkung auf die konkrete Pflegebeziehung deutlich.

H. berichtete denn auch zum anderen von eigenen Erschöpfungszuständen, die weniger durch die mit dem Duschen verbundenen körperlichen und mentalen Anforderungen verursacht sind, sondern eher durch seine emotionale Beteiligung bedingt war, die aus pflegerischer Sicht als bedeutungsvoll angesehen wird. Die Kollegen und Kolleginnen bildeten denn gleichsam eine Art Auffangbecken, das sich keineswegs auf Mutzusprechen beschränkte, vielmehr auf Anerkennungsäußerungen und darin enthaltene Wertschätzung setzten. Ich bin mir ziemlich sicher, daß die Kolleginnen ähnliche Erfahrungen gemacht haben. Auffallend war und ist, daß diese selten mitgeteilt wurden und es auf diese Art und Weise zu keinen anerkennenden Worten kam.

Diese Wahrnehmung aus den Beobachtungsbefunden soll im Umkehrschluß kein Plädoyer für ein Sichbrüsten mit neuesten Errungenschaften aus dem Pflegealltag bedeuten. Zugleich kann auf eine qualitative Dimension der Pflegearbeit verwiesen werden, die sich nicht damit zufrieden gibt, wieviel Köpfe, Brüste, Beine und Füße von montags bis freitags geduscht worden seien.

Diese Dimension von Pflegebeziehungsarbeit stellt Lebensbezüge, Ausschnitte aus Lebensgeschichten der pflegebedürftigen Bewohner in den Vordergrund und verdient es allemal, als Qualitätsmerkmal von Pflegearbeit definiert zu werden. Die Tatsache, daß die Pflegekarriere von Frau St. auch nach fast 2 Jahren einen nahezu gleichbleibenden Verlauf aufwies, sie ihre verbliebenen Ressourcen nach wie vor nutzen konnte, mag Ausdruck einer gesundheitserhaltenen bzw. fördernden Wirkung durch diese Beziehungsarbeit sein.

Aufgrund der vormals aus den Beobachtungen und Gesprächen beschriebenen und abgeleiteten kommunikativen Handlungen der Bewohner und Bewohnerinnen, die von ihrer Wirkung her eher Merkmale wie Beteiligung in der Gruppe in den Mittelpunkt stellen sollte dieses Kommunikationsmodell durch eine individuelle Dimension unbedingt erweitert werden. Isolierungs- und Resignationstendenzen einer einzelnen Bewohnerin oder eines einzelnen Bewohners, die durch Verluste besonders im sozialen Netzwerkbereich verursacht sind, erlauben in der konkreten Pflegearbeit nicht nur bewohnerbezogene Kompensationsstrategien, die an kommunikative Handlungen wie das "Erinnern" münden können.

Vielmehr liegen darin Chancen, den in der Altenpflege dominierenden Anteil an Reproduktion, Siechtum und Lebensbeendigungsarbeit und den damit gesetzten zeitlichen und inhaltlichen Definitionsrahmen von Pflege um menschlichere Züge auszugestalten.

Aus diesen Befunden zu einer gesundheitsbezogenen Definition von Altenpflegearbeit zu gelangen, stellt eine praxisbezogene und deshalb reizvolle Aufgabe übergeordneter Form dar. Ich werde diesen Faden im Abschnitt über das Pflegeleitbild- und konzept weiterspinnen und im Anschluß daran die Rolle und außerordentliche Bedeutung sozialwissenschaftlich-begleitender Unterstützungs- und Beratungsarbeit in einem weiteren Abschnitt definieren.

Aus dem vergangenen Abschnitt über die Kommunikation der Bewohnerschaft ist zweierlei festzuhalten.

Zum einen die gruppenbezogene und individuell motivierte Ausprägung komunikativer Handlungen. Die Offenheit und Bereitschaft der Bewohnerseite - neben dem Rahmenangebot des Sozialen Dienstes des Hauses - ist offenbar durch individuelle Interessenlagen gespeist. D. h. liebgewonnene, biographisch gewachsene Gewohnheiten, wie die Lektüre von Büchern oder Erzählungen aus der Vergangenheit, treffen m.E. auf Gegenliebe bei anderen Bewohnern mit ähnlich gelagerten Interessen.

Besonders hervorzuheben ist in diesem Kontext nicht nur die Ausprägung kommunikativer Handlungen selbst, sondern die damit verbundene individuell-motivierte Inszenierung. Komplementär dazu ist die individuelle Konstellation der betreffenden Person ebenso Ausgangspunkt und zugleich Hintergrund eines durchweg gegebenen Handlungsdrucks. Der Unterschied liegt in dem Handlungsbezug auf das Individuum selbst. Beobachtungen und Gespräche mit Frau St. und daraus resultierende kommunikative Handlungen wie etwa das Erinnern, waren nie Gegenstand irgendeiner Gruppenaktivität.

Die bis dahin fehlende Offenheit von Seiten der Bewohnerin, die möglicherweise unterstellt ist, wurde im kleinen Rahmen der Beziehungsarbeit im Laufe der Zeit und mit wachsender Vertrautheit geweckt. Aus pflegerischer Sicht ergibt sich somit eine Art Moderatorenfunktion, die die angesprochenen Chancen und Risiken für die Pflegearbeit auszutarieren vermag. Ohne ein entsprechendes Stützsystem durch die MitarbeiterInnen wäre diese Arbeit wohl kaum auszuhalten.

Aus beiden Komponenten des Kommunikationsmodells der Bewohner sei insbesondere die Bedeutung von biographisch bedingten Hintergründen und Motiven für die kommunikativen Handlungsabsichten und deren tatsächliche Umsetzung hervorgehoben.

Diese Erkenntnisspur werde ich im nun folgenden Abschnitt zur Biographiearbeit weiter verfolgen. Es wird auf grundsätzliche Möglichkeiten und den Chancenreichtum dieser besonderen Perspektive einzugehen sein.

Der Abschnitt über das Erinnern zeigte u.a., daß die Bedeutung von pflegerischer Seite selbstthematisiert wurde und zur Pflegearbeit insgesamt, wie der Altenpflege im besonderen, assoziiert wurde.

10. Biographiearbeit

Folgende Bilder scheinen auf, wenn wir an Pflege denken:

- vom alternden Leib, der der Pflege bedarf,

- vom verfallenen oder durch ein arbeitsames Leben gezeichneten Körper

- von schmerzenden oder von steifen Gliedern,

- von kranken oder wundgelegenen Körpern.

Ziel der Aufgabe von Biographiearbeit insbesondere in der Altenpflege ist es, wie in neueren Pflegekonzepten geschehen sei, eine biographische Perspektive einzubeziehen, die den oben genannten Störungen auf diese Weise eine konstruktive Wende geben. Es werde nach der Lebensgeschichte alter Menschen gefragt, nach derem sozialen Werdegang, nach Gewohnheiten, Vorlieben und Abneigungen, die in der Pflegearbeit Berücksichtigung erfahren sollen.

Die im vorangegangenen Abschnitt behandelten Kommunikationskomponenten der Bewohnerschaft sowie das aus den Beobachtungen und Gesprächen ebenfalls abgeleitete informelle Stützsystem der Belegschaft, werden durch die biographische Wahrnehmung um eine weitere Perspektive reicher. Sowohl die geschilderte Gruppenvariante als auch die für sich behaltene, individuelle kommunikative Handlung der Frau St. können durch ein außerordentlich ausgearbeitetes Setting an methodischen Zugangsmöglichkeiten unterstützt werden.

Die einhellige Meinung einer Umschulungsklasse eines Maßnahmeträgers lautete in diesem Zusammenhang, daß für Methoden von Biographiearbeit, ihrer Erfahrung aus praktischer Arbeit in der Altenpflege, als oberste Prinzipien die Bewahrung von Natürlichkeit der Situation und die Maßgabe der Verschwiegenheit zu gelten hätten. Die Schüler und Schülerinnen haben intuitiv wie auch wissensmäßig recht, ist die Reaktivität von Erhebungen in künstlichen Laboruntersuchungen umfänglichst kritisiert worden. Hierbei ging es forschungsseitig um die Frage, alltägliche Phänomene und die dazugehörige Perspektive im Feld einzunehmen. Die weiterführende Entscheidung, welches Forschungsdesign zu wählen sei, hängt ganz wesentlich vom Forschungsgegenstand und der gegebenen Fragestellung ab. Ob nun Sinn und Zweck der jeweiligen Untersuchung in der gegenstandsbezogenen Theoriebildung (Glaser/Strauss 1967), die Hypothesenbildung mit anschließender Überprüfung dieser Hypothese als klassische Forschungsabsicht oder aber die Absicht darin besteht, die soziale Arbeit innerhalb der sozialen Institutionen des Sozial- und Gesundheitssystems zu unterstützen, die Einnahme dieser Position steht im Feld am Anfang jedweder Forschungsintention.

Die Einnahme kann nur überzeugend gelingen, wenn das im Feld, in diesem Fall der Altenpflege, erworbene und alltagsrelevante Mitgliedswissen hinreichend erlernt und eingeübt wird. Auf diese Art und Weise entsteht durch die Interakteure und Handelnden im Feld eine Akzeptanz, die von immenser strategischer Bedeutung ist, sobald über den normalen Rahmen hinaus interveniert wird. Beispielsweise durch kritisches Hinterfragen oder gar autonomes Handeln.

Das Setting konkreter methodischer Herangehensweise ist sehr umfänglich. Es besteht mittlerweile aus Kombinationsmöglichkeiten, die dem Perspektivenreichtum vor Ort hinreichend genüge tut, d.h. professionell abgesicherte Erkenntnisse werden nicht nur durch die Wahl und den Einsatz von Interview- und Gesprächsformen oder unterschiedlichste Varianten ausgearbeiteter und bewährter Beobachtungsverfahren erlangt, sondern durch die gegebene Vielfalt an möglichen kreativen Verknüpfungen beider Seiten der Wahrnehmungen wird eine konsequente methodische Umsetzung und auf diesem Wege praktikable Informationen erreicht, bzw. geschaffen.

Im Abschnitt zum Thema "sozialwissenschaftliche Beratertätigkeit" werde ich ausführlich dazu Stellung nehmen und beziehen.

Für diesen Abschnitt sei beispielhaft auf die Interviewformen des narrativen und des problemzentrierten Interviews hingewiesen mit all ihren bereits vorliegenden Verknüpfungs- und Anwendungsmöglichkeiten. Die Vorschlagsliste bewährter Beobachtungsformen in den unterschiedlichsten Unterstufen wie passiv beobachtend, beobachtend-teilnehmend oder teilnehmend-beobachtend u.a.m. vermögen Beobachtungsformen, die in der Kranken- und Altenpflege gelehrt und gelernt werden, adäquat zu unterstützen.

Der Fall Frau St. zeigte z.T., daß selbst die alltägliche, eher passiv teilnehmende Beobachtung nicht nur wesentliche Aspekte der eigenen Lebensgeschichte, deren Kenntnis für das Heim von Bedeutung sind, wie etwa wichtige Personen aus der eigenen Kindheit, prägende Erfahrungen mit Schule, Erste Liebe, Krieg, Flucht, eigene Ehe und Kinder, besonderer Lebensstolz und Lebensnot oder auch die gewohnten Aufstehzeiten sowie die Bedeutung von Ritualen, Festen und Mahlzeiten, mühelos erheben könnte.

Die Pflegekarriere von Frau St. zeigt darüber hinaus, daß Biographiearbeit einen Verlauf einer Pflegebedürftigkeit bis hin zu einem erstrebenswerten Genesungsverlauf (vgl. auch Frau K. aus der 3.Etage) erhebt und außerordentlich wirkungsvoll bezogen auf die individuelle Lebensqualität sein kann und tatsächlich ist.

Eine weitere wesentliche Funktion der biographischen Perspektive ist in diesem Zusammenhang ein adäquates Pflegeverständnis, welches es zu entwickeln gilt und wiederum die Perspektive der Pflegenden vor Ort konsequent einbezieht. Im Abschnitt über das Pflegeleitbild und das zu erstellende Pflegekonzept werde ich hieran anknüpfen.

Die zweite Komponente kommunikativer Handlungen besteht in der individuell-motivierten, letztlich gruppenbezogenen Aktivität, die auf diese Weise unterschiedliche Interessenlagen anzusprechen vermochte.

Sowohl die Pflegenden, das hauswirtschaftliche Personal, welches ebenso oder sogar weitaus mehr Ansprechpartner der Bewohner und Bewohnerinnen ist, sowie der Soziale Dienst im Hause, könnten an dieser Stelle auf einen vermutlich ungeahnten Ideenpool treffen.

Weniger aus beschäftigungs- oder gar beschäftigungstherapeutischer Absicht heraus, als mit dem Ziel verbunden, Angebotsstrukturen zu entwerfen, zu verfeinern, die der Bewohnerschaft und deren Interessenlage noch mehr anspricht und dabei eher die Stilleren im Lande im Auge hat, könnten entsprechende Fachkräfte durch den Einsatz verschiedener Methoden der Informationsgewinnung und daraus abzuleitender Techniken der Gruppenarbeit, Ideen erzeugen bzw. abholen. Zu denken ist in diesem Zusammenhang an:

- Reihum fragen

- Erinnerungen präsentieren

- Rollen- und Theaterspiele

- Zeichnen, Malen und Cortagen

- Gegenstände betrachten und herumreichen

- Listen aufstellen

- Stadtpläne und Landkarten entwerfen lassen

- Musik und Geräusche

- Ausflüge

- Tätigkeiten aus dem früheren Arbeitsleben

- Stichworte geben und Fragen stellen

- Texte (vor-) lesen

- Einladung zum Rundgang

- Geschichten erzählen

- Rezitieren

- Fühlen, Riechen, Schmecken

- Bilder betrachten

- Schreiben

u.v.a.m. (vgl. ausführlich dazu Osborn, Schweitzer, Trilling 1997).

Die professionelle Hinwendung der sozialen Arbeit und deren Initiatoren steht meines Erachtens ein Reichtum an Ideen und Anregungen zur Verfügung. Dieser gemeinsame Angelpunkt wird in der Zukunft an Bedeutung gewinnen. Selbstgewählte Themen, selbstgewählte Nichtthemen, biographisch-motivierte Entladungen und Artikulationen in verbaler oder nonverbaler Variante bilden den Rahmen einer zunehmend individualisierten, älterwerdenden, älteren und alten Gesellschaft - der veränderte Arbeitsbeginn deutet vorsichtig aber unmißverständlich darauf hin - und zugleich die Gewähr, die Option, im Heim alt zu werden und zu sterben, in Erwägung zu ziehen.

Die ebenfalls älterwerdende 68er Generation, deren Auslaufmodelle ich noch an der Universität kennenlernen durfte - sie sind pädagogisch gesehen immer noch die Besten! - werden uns bald als Pflegefälle vorliegen. Sollte der Tatendrang ihrer jungen Jahre im Alter allerdings eher in die Intention der inneren Einkehr und der Ruhe münden bzw. umkehren, hätte sich das Problem einer qualitativen Angebotsstruktur sozusagen geschichtlich überholt und müßte grundlegend überarbeitet werden.

Bislang war ausschließlich die Rede von bewohnerorientierter Biographiearbeit in den aufgezeigten Varianten. Gleichbedeutend ist allerdings die biographische Perspektive der Pflegenden und anliegender Berufsgruppen, die mit der Herstellung und Gestaltung des Alltags der Bewohner befaßt sind. Hierzu sind das hauswirtschaftliche Personal, Reinigungskräfte, Zivildienstleistende, der Hausmeister sowie weiteres technisches Personal zu zählen.

Die berufsbiographische Umbruchsituation des Pflegepersonals zeigte sich in mehreren Weisen. Am Anfang stehen unterschiedliche Motive, diesen Beruf zu ergreifen bzw.

umzusatteln. Die Einstellung, alten Menschen helfen zu wollen oder aber die legitime Absicht, mit diesem Job seine eigene ökonomische Existenz zu sichern, standen in diesem Zusammenhang eindeutig im Vordergrund.

Öffentlich gehandelte Zahlen und Fakten über Fluktuationsraten gerade auch seit Beginn der Pflegeversicherung für den ambulanten wie für den stationären Bereich, werden von Experten vor Ort heftigst kritisiert. Es erscheint müßig, sich über den Erscheinungs- und Schwankungsgrad von Krankenständen und Absentismusraten zu streiten. Die Beobachtungsbefunde zeigen eindeutig, daß die Wahrnehmung und Einbeziehung der biographischen Perspektive der Pflegenden (vgl. auch die Abschnitte über den Führungsstil und den Krankenstand) in den Managementalltag sowie in praktische Belange und Motivationen ("Erinnern") und übergeordnete Gesichtspunkte in der Zusammenschau, den Chancenreichtum dieser Perspektiveneinnahme aufzeigen.

Verzichtet man auf diese Perspektiveneinnahme werden Chancen, gegebene Probleme vor Ort beim Schopfe zu fassen, vertan. Die Perspektiveneinnahme werde ich in inhaltlicher Hinsicht (s.Abschnitte "Pflegeplanung", "Arbeitsinhalte", "Emotionsarbeit" und "Pflegeleitbild") und in technisch begleitender Absicht in den Abschnitten "Zeitmanagement" und "Zeitsouveränität" vertiefen.

Im Abschnitt über die Rolle sozialwissenschaftlicher Beratung werde ich Überlegungen zu einer konsequenten Fortsetzung dieser Perspektivenübernahme durch die Berater darlegen.

Zusammenfassend zum Abschnitt Biographiearbeit ist eine interaktionistische Sichtweise festzuhalten. Sie ist notwendig, um Chancen der Informationsgewinnung- und verarbeitung sowohl für die Seite der Pflegenden als auch die der pflegebedürftigen Personen konsequent zu ergreifen.

Ein gemeinsamer Angelpunkt ergibt sich in der Pflegeplanung. Hier besteht die Möglichkeit, beide Perspektiven in idealer Weise übereinzubringen. somit wird nicht nur einer Auflage genüge getan, sondern insbesondere der Perspektivenreichtum der Belegschaft wie der pflegebedürftigen Bewohnerschaft zur Geltung verholfen.

11. Pflegeplanung

Pflegeplanung war während der teilnehmenden Beobachtung als ein aufkommendes Thema wahrzunehmen. Es gab auf der einen Seite einen auflagebedingten Zwang. Davon soll an dieser Stelle nicht die Rede sein. Auf der anderen Seite stellte sich eine gewisse Überzeugung der Belegschaftsmitglieder ein, eigene Leistungen nicht nur anzukreuzen oder abzuhaken, sondern gleichsam kundzutun, daß Pflegearbeit Ziele zu beschreiben, zu definieren, umzusetzen und zu kontrollieren vermag.

Hieraus entstand in der Folge unterschiedlichster Gespräche und Gesprächskonstellationen und damit erzeugte Argumentationen die Auffassung, geplante Pflege institutionalisieren zu wollen, aber gleichzeitig die bisherige Pflegearbeit keineswegs als ungeplant verstanden wissen zu wollen. Abgelehnt wurde eindeutig die Position, nicht der Form halber oder aus Gründen der reinen Selbstdarstellung Pflegeplanung zu betreiben.

Diese Position wurde im wesentlichen von den Pflegefachkräften erarbeitet. Sie setzte sich auch durch, was nicht bedeutet, daß andere Meinungen nicht berücksichtigt worden wären. Vielmehr stellt diese Position den größten gemeinsamen Nenner dar. Begrüßt wurde demnach eher die Auffassung, das Kriterium der Angemessenheit zum Maßstabe zu nehmen. Neben kaufmännischer und damit existentiell bedeutsamen Dokumentationsformen, Handlungen, die als selbstverständlich bewertet worden waren, wurde aufgrund der jahrelangen Erfahrungen und dem in diesen

Zusammenhängen erworbenen Hintergrundwissen festgelegt, sich auf Neuerungen, d.h. neue Kenntnisse über den Bewohner oder die Bewohnerin im Pflegeprozeß, zu beschränken. Auf starke Ablehnung stieß das Verfahren, sich sozusagen dienstags um 13 Uhr zur Pflegeplanung im Dienstzimmer einzufinden.

Die zusätzlich gemachte Erfahrung, auf prekäre Pflegesituationen bestens vorbereitet zu sein, gebündelt in 1-2 Stunden diese zu besprechen, Ziele und Maßnahmen zu verabreden, Fragen als Umsetzung für jeden und jede transparent kleinzuarbeiten und damit handlungsfähig zu machen, nährte die oben beschriebene Argumentation. In arbeitsinhaltlicher Hinsicht wurden stets Fragen der Grundpflege, der Behandlungspflege, der Mobilisation und der Kommunikation gestellt und bis zur Beantwortung situationsangemessen erörtert. Diese konzentrierte Abwägungsform des Pflegeteams erzeugte mithin Zeitporen. Die Teilnehmerinnen von Pflegeplanungstreffen waren überrascht, wie schnell und präzise diese vonstatten gehen könnten. Es zeigte sich wiederholt, daß Zeit relativ ist.

Es besteht alltagspraktisch wie auch losgelöst davon Übereinstimmung darin, daß durch Pflegeplanung als eine systematische Methode des Managements, mit dem Pflegeprozeß gesteuert, das Pflege- und Therapieangebot gezielt angelegt und reflektiert werden kann. Mit Hilfe dieser Methode wird die Lösung von Problemen angestrebt.

In den genannten Pflegeplanungstreffen ging es denn auch zunächst um die Klärung der Frage, was ein Problem eigentlich sei. Nach längeren Abwägungen des Für und Wider, kristallisierte sich die Meinung heraus, nicht nur Probleme des Bewohners oder der Bewohnerin aus der Betroffenensicht in den Vordergrund zu stellen, sondern die Perspektiven und Wahrnehmungen sowohl der pflegerischen Fach- und Hilfskräfte wie auch der hauswirtschaftlichen Kräfte zur Sprache kommen zu lassen. Die hauswirtschaftlichen Kräfte erhielten besonders Gehör, weil sie lange Zeit in der

Pflege tätig waren und einzelne Bewohnerinnen besser kannten. Diese Mitwirkungsoption bewirkte zusätzlich eine Aufwertung dieser Personengruppe.

Die entstandene Synopse aus den genannten Perspektiven hatte eine Präzisierung der Informationsgewinnung zur Folge. Es war aber nicht so, daß der oder die Betroffene dankenswerter und gnägiger Weise auch zu Wort kamen. Auch war die Person nicht zwingend oder gezwungenermaßen physisch anwesend. Die abschließende Wirkungsanalyse wird die Richtigkeit festgelegter Pflegeziele -und maßnahmen aufzeigen und gegebenfalls Korrekturbedarf beschreiben lassen. Jedenfalls neigten die Belegschaftsmitglieder eher dieser Position zu.

Zur Informationsgewinnung selbst dienten primär harte und weiche Daten zur Person, biologisches Alter, Namensartikulationen und Herkünfte, Körpergrößen und Gewohnheiten bezogen auf das Schlafen und Essen, Geburtsort, schul,-ausbildungs- und berufsbiographische Abschnitte und Nahtstellen, die besonders alltagsrelevante Umbruchsituation der Pensionierung bzw. des Ruhestands, der Pflegebedürftigkeit ebenso wie emotionale Befindlichkeiten in Gestalt von Aggressivitäten, depressiven Zuständen, für die beispielsweise biographisch bedingte Ursachen, gerade in durch Krankheiten bewirkte Umbruchsituationen und einschneidende Ereignissen, vermutet und z.T. auch nachgewiesen wurden.

Diese Recherchenbefunde u.a.m. wurden in der Konsequenz mit pflegerischen Zielen und Maßnahmen assoziiert, d.h. konkrete pflegerische Handlungen aus den Informationen vorentworfen. Für die Umsetzung der Handlungen wurden zunächst die verarbeiteten Informationen weitergegeben an Kolleginnen, die nicht anwesend sein wollten oder konnten.

Diverse Teilzeitformen, die im wesentlichen verordneten Charakter haben, stellten sich zuweilen als Problem heraus. Eine situationsangemessene Problemlösung liegt in den

Köpfen der Betroffenen bereits in der Schublade. Sie braucht lediglich abgerufen werden.

Festzuhalten ist bezogen auf diese Pflegeplanungstreffen zweierlei. Zum einen gingen die Belegschaftsmitglieder mit der Vorgabe, geplante Pflege durchzuführen, außerordentlich souverän und z.T. selbstbestimmt um. Es ist hierbei nicht die Rede von gespielter und vorgespielter Harmonie, sondern in expliziter Form von Moderatorenqualitäten der Leitungskräfte im Wohnbereich. In diesem Zusammenhang wurde das informelle Stützsystem des Personals angereichert durch Provokationen von außen (Pflegeversicherung, Qualitätssicherung), Handlungsentwürfe im wahrsten Sinne hervorgerufen.

Zum zweiten führten die o. beschriebenen Recherchen und Reflexionen über pflegerische Ziele und Maßnahmen zu hierzu und hieraus abgeleiteten grundsätzlichen Überlegungen, was Pflege soll und kann, und insbesondere was Inhalt von Pflege generell und speziell im Wohnbereich bedeuten soll.

Diese Überlegungen waren erste oder weitere Schritte zu einem gemeinsamen Pflegeverständnis. Außerordentlich bedeutsam waren gemeinsame Positionierungen zu besonderen Brennpunkten der Altenpflege, wie beispielsweise das Thema des Sterbens und der Sterbebegleitung. In diesem Zusammenhang zeigt sich eindrucksvoll, daß die Problemlösungskapazitäten der Betroffenen gerade in prekären Situationen und empfindsamen Konstellationen in besonderer Weise zum Tragen kommen.

Das anfängliche Belastungsempfinden, nun auch noch Pflegeplanung machen zu müssen, wurde durch diese Erfahrungen eher kompensiert. Das Resultat der Positionsfindung gipfelte in der Artikulation, als Pflegekraft nun endlich Stellung zu nehmen und in eigener Sache nehmen zu können.

Als wesentlicher Bestandteil eines gemeinsamen Pflegeverständnis stellte sich eine eher gesundheitserhaltende und fördernde Haltung heraus. Analog hierzu gehörte aber eine dezidierte Position des Sterbens und damit verbunden des definitiven Endes eines irdischen Daseins. Die besondere Umgehensweise wird im Abschnitt über das Pflegeleitbild- und konzept wieder aufgegriffen.

Die Recherchenbefunde zur Pflegeplanung transportieren aber auch gleichsam eine arbeitsinhaltliche Erweiterung zu den allseits bekannten und gehandelten Arbeitsbereichen der Grund- und Behandlungspflege, der Mobilisation und Kommunikation, und zwar die außerordentlich alltagsrelevante Bedeutung der Emotionsarbeit.

Ein weiteres wichtiges transportiertes Ergebnis besteht in dem Zweifel daran, ob derartige, z.T. selbstbestimmten Arbeitsinhalte in den Vorstandsetagen, der Öffentlichkeit insgesamt, entsprechendes Gehör finden würden. Es wurden schließlich "offensive" Dokumentationsformen, über das, was tagtäglich selbstverständlich geleistet wird, verabredet.

Die Arbeitsinhalte sind zum Großteil vorgegeben. Die Beobachtungs- und Gesprächsbefunde zeigen allerdings eindeutig, daß die Problemlösungskapazität des Personals eingedenk des damit verbundenen Perspektivenreichtums zur Ausgestaltung, auch in Gestalt von Entwurf, zu einer Umsetzung dieser Vorgaben zur Qualitätssicherung eigenkompetent in der Lage ist. Sie reproduzieren und produzieren diese Rahmendaten des begrenzenden Lebensfeldes und sind somit wesentlicher Bestandteil zukünftiger Strukturbildung und damit von Unternehmensentwicklung.

Die Begrenzungen zu dieser Selbstwahrnehmung werden überwiegend durch Fremddisziplinen und Berufsgruppen unternommen. Es ist somit Zeit, eine

Rückbezüglichkeit der Pflegeversicherung herzustellen, die pflegerelevanten Definitionen vorzunehmen. Dies bleibt Aufgabe der Betroffenen selbst.

Die Rolle von Wissenschaft in Gestalt von Gerontologie, Soziologie, Medizin, Ökonomie oder Rechtswissenschaften ist allenfalls begleitender, unterstützender Natur. Dazu im abschließenden Abschnitt zur Position wissenschaftlichen Beratens und Arbeitens mehr.

Im folgenden Abschnitt möchte ich das "beobachtete" Phänomen der Emotionsarbeit vertiefen.

12. Emotionsarbeit

Diesem besonderen Aspekt der Pflegearbeit möchte ich einen eigenen Abschnitt widmen. Nicht etwa, weil die Literaturlage zur Pflege dazu anhielte, sondern aus dem Grunde, daß Beobachtungs- und Gesprächsausschnitte wiederholt Emotionen zum Thema haben und diese offenbar im Pflegealltag eine ganz bedeutsame Rolle spielen. Allerdings werde ich an dieser Stelle auf den Belastungsaspekt im Zusammenhang mit Emotionen nicht weiter eingehen. Über das diesbezügliche Befindlichkeitsmanagement war bereits ausgiebig in den Abschnitten zu den Frühdiensten und dem Krankenstand die Rede.

Vielmehr halte ich es aufgrund der gemachten Befunde für angemessen, die positive Seite dieser Emotionsarbeit herauszustellen. Zunächst einmal ist begrifflich und alltagsrelevant zwischen negativ und positiv besetzten Emotionen zu unterscheiden. Der beschriebene Fall der Frau St., bzw. die Pflegebeziehung zu H.H. stellte unterschiedlichste Formen und Intensitäten sowohl negativer als auch positiver Emotionen dar. Die als negativ beschriebenen Emotionen, wie insbesondere die

Aggression und depressiv- resignative Befindlichkeit von Frau St. bewirkten auf der pflegerischen Seite Hemmungen, Angst vor Fehlern, Unlust auf eine "wirklich" pflegebedürftige Person. Unwirkliche Emotionsinszenierungen werden vom lebens- und pflegearbeitserfahrenen Personal außerordentlich schnell und nachhaltig als Theater enttarnt. Hierzu zählen beispielsweise Eifersuchtsdramen unter Geschwistern (vgl. die Darstellung des Geschwisterpaares Dr.) oder aber Emotionen, Äußerungen von "Schmerzempfinden", die eindeutig das Ziel verfolgen, Aufmersamkeit zu erregen. Diese Interpretationsleistungen stellen bereits Emotionsarbeit dar und vermögen zugleich Hinweise zu liefern für die Erkenntnis, daß Emotionen zwar individuell ge- und entäußert werden, allerdings überwiegend Reaktionen provozieren und somit interaktionistisch wahrnehmbar und deutbar sind.

Die als negativ gedeuteten Emotionen der Frau St. machten auf der anderen Seite intrapersonale Hintergründe sichtbar. Die krankheitsbedingte biographische Umbruchsituation (Schlaganfall) legte weitere bedeutsame Interpretationsleistungen nahe. Warum reagiert Frau St. so oder ähnlich? Woher rühren die täglichen Mißgestimmtheiten, erledigen die Pflegenden doch unabhängig von Geschlecht und Qualifikationsgrad die Arbeit, welche durchstrukturiert ist bis ins äußerste Detail, mit größter Aufmerksamkeit und Akkuratesse.

Die diesbezüglichen Gespräche und damit verbundene Resultate arbeiteten die kleinsten Ungereimtheiten nochmals kleiner, so daß die Fehlerquote schon nicht mehr zu ermitteln war. Dessen ungeachtet bewirken diese Interventionen in den routinemäßigen Ablauf nicht das, was sie unrsprünglich beabsichtigen. Frau St. fuhr in ihrem Emotionsstil unbeirrt fort. Es zeigten sich Intensitätszuwächse und abschließende Entladungen in Gestalt von Wein- oder gar Heuleinlagen. Diese wiederum bewirkten eine gewisse Entspannung bei Frau St. wie auch beim diensthabenden Personal. Wetterbedingte Begründungen für diese Erscheinungen wurden gar nicht erst gesucht.

In der Zeit der teilnehmenden Beobachtung waren alle denkbaren Witterungsformen eingetreten. Das Auftreten der beschriebenen Emotionen hatten für alle sichtbar andere Ursachen. Eine tatsächliche und objektive Beantwortung bezogen auf die Ursachen der Entstehung derartiger negativer Emotionen, geschweige denn eine umfassende Problemlösung konnte nicht gefunden werden. Allerdings gab es annäherungsweise Befunde, die die Intensität der Emotionen abmilderten. Frau St. konnte eben auch richtig liebenswert sein. Sie zeigte es nur so selten. Wenn sie es zeigte, entspannte sich der eigene Körper, die angestrengten Stirnfalten lockerten allmählich auf, der gekrümmte Rücken wurde wieder in eine entspanntere, wohltuende Stellung bewegt. Je nach der eigenen täglichen Befindlichkeit legte sich ein Lächeln auf die Lippen, was bei Frau St. eine Gegenreaktion auslöste. Sie konnte nicht nur lächeln, sondern sogar herzhaft lachen.

Im Spätdienst ergriff sie fortan die Initiative und zog den Vorhang von Fenster und Terrassentür eigenhändig zu. Nicht nur, daß sie ihre körperlichen Ressourcen selbst zu reaktivieren vermochte und das diensthabende Personal um weitere Handgriffe entlastete. Diese zusätzlichen Aktivitäten von ihrer Seite gaben mögliche Hinweise auf Ursächlichkeiten der entstandenen und täglich erlebbaren Emotionen.

Sie mochte H.H. mehr als mich. Sie wurde aber nie unfair, wenn ich das Zimmer betrat. Ich hatte zudem die Erkenntnis gewonnen, die Gespräche mit den Kollegen und Kolleginnen hierzu bestätigten diesen Eindruck, daß sie von männlichen Pflegekräften die gleiche Akkuratesse verlangte und erwartete als von Mitarbeiterinnen. Sie hatte Lieben und Vorlieben gegenüber Personen.

In Zeiten zusätzlicher Arbeitsdichte, in der Regel bedingt durch überraschende Krankmeldungen, war sie zwar erschrocken, zeigte sich allerdings außerordentlich kooperativ, wenn wir ein wenig mehr als sonst zur Eile drängten. Sie war in solchen Situationen eindeutig hilfsbereiter als andere Bewohnerinnen. Diese bestanden unbeirrt auf die pünktliche Lieferung des Frühstücks mit dem Frühstücksei, der vereinbarten Marmeladensorte, der besprochenen Menge morgendlichen Kaffees und weiterer Selbstverständlichkeiten. Die gelegentliche Rücksichtslosigkeit einiger Bewohner verdarben zuweilen die Lust am Ja zur Dienstleistung.

Ausgerechnet Frau St. stand aufopferungsvoll Pate, verlegte ihr morgendliches Klingeln um mindestens eine Viertelstunde. Ich habe mir dann vorgestellt, wie es ist, wenn ich an ihrer Stelle über eine geschlagene Stunde vor dem Waschbecken mit dem Blick auf die Zahnbürste und andere vereinzelte Utensilien ausharren müßte.

Es waren Kontraste wie diese, die das Erscheinungsbild von Frau St. in einem differenzierten Licht erscheinen ließen. Sowohl die Schilderung dieser Kontraste positiver wie negativer Emotionen der Frau St. als auch das Erleben der Emotionen selbst, hatten auf der pflegerischen Seite eine wohltuende Wirkung. Zusätzlich gaben die Kontraste wichtige Hinweise auf ihr Leben vor und nach dem einschneidenden Krankheitsereignis mit gleichzeitig verbundener Pflegebedürftigkeit. So fanden wir heraus, daß Frau St. ganz besonders darunter litt, daß sie alte liebgewonnene Gewohnheiten und alltägliche Tätigkeiten und Artikulationen nicht mehr würde ausüben können. Ihre Begeisterung für das eigene Tennisspielen in jungen Jahren wurde jäh unterbrochen, jedoch keineswegs aufgegeben. Das Fernsehen von Tennisspielen war nicht nur Ausdruck einer alten Gewohnheit, sondern erlaubte Kommunikationsanreize, die naheliegend waren, aufzunehmen und gegebenenfalls sogar gezielt zu inszenieren. Es fing an, Spaß zu machen, Frau St. angesichts derartiger Erfolge zu pflegen, die täglichen Bürden des Ablaufs leichteren Fußes zu ertragen. Mit Erfolg meine ich, positive Gefühle (Zufriedenheit, situative Ausgeglichenheit), die sich durch größere, klarere Augen und Wimpernschläge zeigten, zu erzeugen.

Auf diesen Fall bezogen lassen sich Ansatzpunkte, sowohl für eine Problembeschreibung insbesondere negativer Emotionen wie Aggression und depressiver Befindlichkeiten als auch für die Problemlösung selbst entdecken, bzw. ableiten.

Die positiv besetzten Gefühle und damit verbundene übereinstimmende Interpretationen der Pflegeinterakteure waren nicht nur als arbeitsentlastendes Entspannungsprogramm von größter Bedeutung.

Es lassen sich darüber hinaus, jedoch nicht über den Fall hinaus, validierte Aussagen über den Genesungsverlauf und damit die Pflegekarriere machen. Es konnte und wurde bereits darauf hingewiesen, daß während der gesamten Zeit der teilnehmenden Beobachtung keine weitere Gesundheitsbeeinträchtigung eintrat. Dies verweist auf die zumindest gesundheitserhaltende Absicht des Pflegeteams. In formaler Hinsicht sind, ob mit oder ohne institutionalisierte und eingeübte Pflegeplanung, Pflegeziele- und maßnahmen auf fruchtbaren Boden gefallen. Die emotionsbezogenen Einlassungen des Pflegenden zeigen indes vielmehr den lebendigen Charakter dieser Dienstleistungsarbeit.

Die Arbeit mit Emotionen zeigt sich somit nicht nur in ihrer interaktionistischen Herstellung und Ausgestaltung, sondern transportiert zugleich die Überzeugung, selbst für diffuseste und schillernste Phänomene menschlichen Zusammenlebens, valide Ansätze zur Problemlösung finden zu können. Interaktionistisch bedeutet nicht ausschließlich die beiden unmittelbaren Pflegeinterakteure, sondern schließt mitfühlende und gesprächsbereite Kolleginnen mit ein. Die Bedeutung des informellen Stützsystems der Belegschaft wird dadurch nochmals unterstrichen.

In fallübergreifender Hinsicht werden ehemals gefaßte Absichten, Pflegeziele zu formulieren, ein gemeinsames und gemeinsam getragenes Pflegeverständnis zu entwickeln, Pflegeleitbild- und konzept zu entwerfen und zu institutionalisieren, bestätigt. Es zeigen sich Pflegerfolge von längerer Reichweite als beschriebene Gesichtspunkte und Aspekte des Wohlbefindens, beispielsweise des Reinlichkeitsempfindens durch das wöchentliche Duschen.

In der Zusammenschau aller erreichter Reichweiten kann von einer die Pflegearbeit umspannenden Bedeutung der Emotionsarbeit gesprochen werden. Die konkreten Handlungen der Pflege vor Ort beinhalten Problembeschreibung- und erfassung im Zusammenhang mit Problemlösungsansätzen- und umsetzungen von Experten in eigener Sache.

Abgelöst von diesen den konkreten Pflegealltag konstituierenden Handlungen selbst, erlauben diese Basisbefunde Anhaltspunkte für die Entwicklung eines adäquaten und geeigneten Pflegeverständnisses für den betreffenden Wohnbereich. Davon wird im Abschnitt "Pflegeleitbild- und konzept" ausgiebig die Rede sein.

Auf einer weiteren übergeordneten Ebene werden Daten geliefert für das Aufstellen eigener pflegediagnostischer Positionierungen, d.h. Ursachenbeschreibung und deren Erklärung nicht nur darauf zu beschränken, ein "relatives, interaktionistisches Coping" anzustreben und damit verbundene Erfolgskriterien abzuleiten. Vielmehr liegt eine Definion von Coping zugrunde, die ein erfolgreiches Bewältigen einer Krankheits- und lebensbedrohlichen Krisensituation in den Vordergrund stellt.

Ein weiteres übergeordnetes Ziel kann eben auch darin bestehen, weitere Definitionsanteile für die Pflege insgesamt zu gewinnen. Auf diese Weise könnten aufgrund von alltäglicher und langjähriger Erfahrungen der Pflegenden

Pflegehandlungen entworfen werden, die direkt d.h. konzeptionell in die jeweilige Pflegekarriere eingreifen und intervenieren.

Resultat wäre nicht nur ein erweitertes, sicherlich angereichertes Arbeitsgebiet, insbesondere der Altenpflege, sondern gleichsam Persönlichkeitsmerkmale der Pflegenden zu verändern, diese aufzuwerten. D.h. daß derartige Veränderungen in einer überreifen Wahrnehmung von Pflegenden als professionelle Dienstleister und nicht als Dienende am Fuße der Gesellschaft bzw. zu gesellschaftlicher Anerkennung beizutragen vermögen.

Aus einer konkreten Pflegebeziehung abgeleitete Befunde und Interpretationen sind in der Lage, Angelpunkte für die Anreicherung eines phänomenologischen Unterbaus der aufkommenden Pflegewissenschaften in der Bundesrepublik aufzuzeigen und somit einem geäußerten Wunsch aus entsprechender Literatur (Wiese 1995) adäquat Rechnung zu tragen.

Die wissenschaftliche Diskussion zum Thema "Emotionen" (vgl. u.a. Gerhards 1988, Flam 1990, Leimkühler 1992, Paseka 1991, Kleber 1992, Büssing/Perrar 1991, Beerlage/Kleber 1990, Arsenault et al. 1991) könnten ebenso aus diesen personenbezogenen Dienstleistungsbeziehungen phänomenologischen Honig saugen. Dies gilt insbesondere im Bereich angewandter Forschung und damit die Auswahl praktischer Forschungsgegenstände. Der Befund der Problemlösungskapazität der Pflegenden erzeugen Mut und Zuversicht, Probleme handhabbar zu machen.

Aus der Perspektive der Wissenschaft hat dies ein unvoreingenommenes Verständnis dem Forschungsgegenstandes gegenüber zur unbedingten Voraussetzung Der lebendige Charakter, der durch die Emotionsarbeit zugleich dokumentiert ist, legt eine einfühlsame und unter allen Umständen begleitende Forschungsauffassung nahe.

Forschung, hat sie nun beratende oder typenbildende Theoriearbeit am Gegenstand zum Inhalt oder eine hypothesengenerierende- und überprüfende Absicht, erhält meines Erachtens den Charakter an Reziprozität, von Gegenseitigkeit und definiert von daher ein partnerschaftliches Verständnis von Dienstleistungsarbeit, jenseits ideologischer Grenzen, Voreingenommenheiten und Borniertheiten, sich auf den jeweiligen Forschungsgegenstand unabhängig von der damit verbundenen Forschungsfrage wirklich einzulassen.

Diese Gedanken werde ich im Abschnitt über das wissenschaftliche Arbeiten und Beraten erneut aufgreifen.

13. Arbeitsinhalte

In den vorangestellten Abschnitten der Kommunikation des Personals und der Bewohner untereinander, des Krankenstandes, des Führungsstils und der Emotionsarbeit war ausschnittsweise von Arbeitsinhalten die Rede. Es stellte sich in diesem Zusammenhang eine Art 4-Stufenmodell heraus. Die ersten beiden Stufen beschreiben - nach wie vor - die Grund- und Behandlungspflege, die dritte läßt mit Mobilisation und die vierte Stufe mit Kommunikation bezeichnen.

Wenn in den oben genannten Abschnitten eher von positiven Erfahrungen des Personals bei der Benennung der für die Altenpflege relevanten Tätigkeitsschwerpunkte berichtet werden konnte, so möchte ich in diesem Abschnitt den Belastungsaspekt dieser 4 Stufen in den Vordergrund rücken, um im vorletzten

Abschnitt entlastende Ansatzpunkte sozusagen technischer Art an den Angelpunkten Zeitmanagement und Zeitsouveränität in diesen Kontext zu stellen.

Aus den vier Stufen, die sich klassischer Weise als Bedürfnishierarchie vorstellen lassen und insbesondere in den Abschnitten zur Kommunikation behandelt wurden und diese Hierarchie im Pflegealltag vollständig zum Tragen kommt, ergeben sich unterschiedlichste Formen der Belastungen. Von physischen Anstrengungen und Anforderungen war anfangs aus der eigenen Perspektive ausführlich berichtet worden. In den Perspektiven der Kollegen und Kolleginnen zeigen sich ähnliche Anzeichen einer körperlichen Erschöpftheit und vor allem eine chronische Müdigkeit. Nicht selten gab es kurzzeitige Dialoge zwischen Tür und Angel, die diese Erscheinungen zum Thema hatten. Sie hingen mit den unterschiedlichsten Beweggründen zusammen und zeigten ebenso unterschiedliche Ausprägungen. Hierzu zählen die geschilderten Laufwege, deren Umfang sich nur begrenzt zurückfahren ließ.

In diesem Zusammenhang wurden innerhalb der Belegschaft diverse und angemessene Formen des Gehens hin- und hergewogen. Im wesentlichen bestand Konsens darin, keine Hektik beim Gehen zuzulassen und gleichsam eine angemessene Gehhaltung zu bewahren. Hinzu kamen gelegentlich Fragen der passenden Kleidung, gewiß unter der Maßgabe und Diktion von Berufskleidung. Über Geschmack läßt sich ebensowenig in diesem Fall streiten. Gleichwohl waren der Schnitt der Garderobe von weitaus größerer Bedeutung für ein entspannteres Gehen.

Andere Beweggründe für physische Erschöpfungszustände und Müdigkeiten waren die Probleme einiger Kollegen, hinreichend Schlaf zu bekommen. Hier wie bei den Alten kristallisierten sich die unterschiedlichsten Stile und Umgehensweisen heraus. Eine Kollegin schwärmte insbesondere an Frühdiensttagen für eine einstündige Lektüre vor dem Einschlafen, um u.a. mit anderen Inhalten in die nächtliche Traumwelt hinabzusteigen. Desweiteren empfahl sie, von belastenden Umfelderscheinungen, wie beispielsweise zu anstrengenden Ehemännern und solchen, die es werden wollen, Abstand zu nehmen.

Eine andere Kollegin hatte es da weitaus schwerer. Zu Hause warteten noch schulpflichtige Kinder und Tätigkeiten aus einem bäuerlichen Betrieb auf sie. Ihr zeitlicher Einschlafrahmen war somit nochmals beschränkt. Dennoch war sie frühes Aufstehen gewohnt, gleichwohl verfügt auch sie über einen ganz normalen Stoffwechselhaushalt. Gespräche mit ihr ergaben, daß die Pflegearbeit nicht nur eine bewußte Entscheidung darstellte, eine neue berufliche Herausforderung zu suchen, sondern diese überwiegend interessant sei und deshalb durchaus entspannende Wirkung erzeuge.

Anders liegt der Fall bei einer Kollegin, die im Grunde genommen zwei Kinder im schulpflichtigen Alter allein erzieht. Die um 10 Wochenstunden verringerte Arbeitszeit ermöglichte ihr, Übergänge von Schul- und Arbeitszeiten aufeinander abstimmen zu können. Dennoch waren chronische Müdigkeitserscheinungen offensichtlich. Eine neue Partnerschaft im letzten Viertel der teilnehmenden Beobachtungszeit zeigte indes eine nach ihrem Bekunden spürbare positive Veränderung.

H.H. fuhr zu jedem Arbeitstag eine halbe Autostunde. Die dadurch arbeitsgebundene Zeit war größer als bei den Kolleginnen. An Frühdiensttagen, den eindeutig arbeitsreichsten Diensten, lehnte er jeden nachmittäglichen Ausgleichsschlaf für sich ab. Nach einer kurzen Besinnungspause in den heimischen vier Wänden habe er ausreichend Kraft geschöpft, um noch etwas mit der verbliebenen Zeit anzufangen. Ebenso lehnte er das abendliche Einschlafen auf dem Sofa ab, weil er in der Regel danach schlecht einschlafen könne. Als "Single" verblieben für ihn die hausarbeitlichen Verpflichtungen. Gelegentlich berichtete H. von in Gedanken mitgenommener Arbeit, die ihn in seiner Privatssphäre unterschiedlich stark beschäftigten. Den zeitlichen und räumlichen Abstand bewertete er mal als positiv, mal als negativ. Mal trügen

Besinnungsphasen zur Erhellung und Gelassenheit gegenüber mental belastenden Ereignissen des Vormittags bei, mal sei die Konsequenz ein Sichhineinsteigern in ein jeweiliges Geschehnis.

Die Kollegin I. führte ein ausgiebiges "Doppelleben". Sie war nicht nur als Leitungskraft des Wohnbereichs besonderen Anforderungen gegenübergestellt. Sie vermochte in ihrem Privatleben, so ihre Schilderungen, ein wahres Feuerwerk an Aktivitäten abbrennen. Haushalt, das eigene Haus, Kinder, die allerdings das Elternhaus nach und nach verließen und unterschiedlichste Aktivitäten in örtlichen Vereinen und Gruppen, füllten ihr Tagesprogramm zum Erstaunen aller weiter auf. Das Erstaunen richtete sich hierbei wohl in erster Linie darauf, daß sie das alles schafft. Gelegentliche morgendliche Unterredungen über die eigene Befindlichkeit ließ das Erstaunen noch größer werden, wenn sie kundtat, mit wenigen Stunden Schlaf auszukommen.

Im beschriebenen Fall G. des hauswirtschaftlichen Bereichs waren chronische Erschöpfungs- und Müdigkeitszustände weitaus stärker ausgeprägt als im Fall der faktisch alleinerziehenden S. Ein wesentlicher Grund für diesen Unterschied mag in den jahrzehntelangen Berufsjahren von Frau G. gegenüber 3 Jahren von Frau S. bestehen.

Der behinderte Sohn von Frau G. ließ - so ihre umfangreichen Schilderungen - sie selten richtig in den Schlaf kommen. Sie schilderte ferner, daß auch sie Arbeit und insbesondere Gereiztheiten in Gedanken und im Gefühlsleben mit nach Hause nahm. Es zeigten sich in den Jahren, auch während der Umbruchzeit keinerlei Entlastungsstrategien, die sich als fruchtbar erwiesen hätten. Es kam weder der Wechsel von Früh- zum Spätdienst in Frage, Frau G. arbeitete all die Jahre nur im Frühdienst, noch das "Delegieren" des behinderten Sohnes an örtliche Behinderteneinrichtungen. Dies wurde nur z.T. wahrgenommen. All diese Maßnahmen brachten keine spürbare Entlastung und schrieben auf diese Weise die Chronifizierung von Erschöpfung und Müdigkeit und damit verbundene nervliche Konsequenzen fort bis zum bekannten Ende. Gelegentliche Entspannungen ergaben sich durch Ein-Tages-Fahrten mit einer guten Freundin, die ebenfalls im Wohnbereich beschäftigt war.

Anders verhielt es sich bei ihrer Kollegin des hauswirtschaftlichen Bereichs, Frau R. Sie ist verheiratet, die Tochter ist ebenfalls im Pflegebereich seit Jahren beschäftigt. Frau R. ist zur Zeit der teilnehmenden Beobachtung 50 Jahre alt. Sie wechselte wie die meisten anderen vom Früh- in den Spätdienst und kompensierte Erschöpftheiten und Müdigkeitsphasen durch unterschiedliche Freizeitaktivitäten. Hierzu zählen ebenso sportliche Aktivitäten wie Tages- und Urlaubsreisen u.a.m. Ähnlich wie die erstgenannte Kollegin schwörte sie auf Phasen der Untätigkeit, ähnlich wie übrigens H.H., um wieder zur "Besinnung zu kommen".

Eine weitere Belastungsform in eher körperlicher Hinsicht bestand in den unterschiedlichsten Geruchssituationen, die insbesondere mit Inkontinenzversorgungen zusammenhingen. Einziges beobachtetes Kompensationsschema war das gemeinsame, im Team zu zweit bewerkstelligte Durcharbeiten entsprechender Versorgungsanforderungen, zu denen man nicht nein sagen konnte. Zu dem Kompensationsschema gehörte gleichwohl das Reden über die jeweilige Situation, allerdings keineswegs mit therapeutischer Ausuferung, sondern sozusagen als sinnliche Ausgleichsmaßnahme.

Weitere Entspannung brachten m. E. die Aufräumarbeiten, die die Geruchswahrnehmung zunehmend verringerten. Reproduktive Teilarbeiten hatten also einen weitergehenden Ausgleichseffekt zur sehr intimen und "sinnlich" beanspruchenden Arbeit am Menschen.

Belastungen psychischer Art wurden z.T. im Abschnitt "Emotionsarbeit" angesprochen. Diese bezogen sich überwiegend auf kommunikative Handlungen mit einzelnen Bewohnern. Die damit verbundene Enge zu den Menschen führte zu unterschiedlichen Reaktionen auf der pflegerischen Seite, die wiederum provozierten Gegenreaktionen nicht nur auf der pflegebedürftigen Bewohnerseite. Es entstand nicht selten bei den Kollegen das Gefühl, in Charlie-Chaplin-Manier an allen Gliedmaßen und Nervensträngen gleichzeitig beansprucht zu sein und das mit unterschiedlicher Intensität.

Eine irrige Annahme ist, hieraus die Erkenntnis abzuleiten, daß eine bloße Anreicherung repetetiver Teilarbeiten am Menschen durch die additive Anforderung aller 4 genannten Stufen das Glück einer Pflegekraft bedeuten könnte.

Elemente formaler Art des mittlerweile üblichen Managementsprachgebrauchs wie beispielsweise job rotation, job enlargement, jon enrichment u.a.m. sind nur bedingt tauglich, wenn es um die Frage geht, wie die Dienstleistungsarbeit Pflege professionellst zu organisieren sei. Die Praxisbefunde der teilnehmenden Beobachtung zeigen etwas anderes. Die außerordentliche Betonung von hauswirtschaftlichen Anteilen im Pflegebereich wird von den Beschäftigten vor Ort aus den unterschiedlichsten Gründen vorgenommen. Sie sind zum einen Vertragsbestandteile mit den Kunden, deren Einhaltung von existentieller Bedeutung ist.

Zum zweiten dienen diese Arbeiten nicht nur der bloßen Kompensation nervlicher Beanspruchungen, sondern bieten Gelegenheit zum vorübergehenden räumlichen und persönlichen Rückzug, der mindestens zweierlei zu bewirken vermag. Auf der einen Seite hat dieser situative Rückzug die Konsequenz der inneren Einkehr, ohne therapeutisch werden zu müssen. Auf der anderen Seite wird die Arbeit nicht unnötigerweise unterbrochen und hat zudem eine Entflechtung der geschilderten

Arbeitsdichte zur Folge. Recherchen in anderen Häusern anderer Träger förderten ähnliche Ergebnisse zu Tage.

Die Entscheidung, die Arbeit am Menschen ausschließlich Pflegefachkräften zuzuordnen und diese zugleich von repetetiven Anteilen zu befreien, förderten erst einen spürbaren Anstieg des internen Krankenstandes. Eine kreative Mischung aus Nähe zum Menschen und Distanz vom pflegebedürftigen Menschen wirkt offenbar gesundheitserhaltend bzw.-fördernd. Diese Befunde erlauben jedoch keineswegs den Schluß, Pflegekräfte hätten nicht das Bedürfnis nach erweiterten Arbeitsinhalten und damit verbunden das Bestreben, den erlernten Beruf auch wirklich und umfassend ausüben zu können. Es waren Dokumentationsanforderungen und bürokratisch außerordentlich fragwürdige Handlungsanweisungen Dritter, die erweiterte Arbeitsinhalte als bloßes Draufsatteln erscheinen ließen.

Die Pflegeversicherung mit all ihren Begleiterscheinungen und administrativen Nebenwirkungen vermag eine lebendige Dienstleistungskultur den Atem zu nehmen, bevor das Laufen hierzu überhaupt erlernt wurde. In den Worten der Belegschaftsmitglieder gesprochen, kommen vorsichtig und charmant formuliert personenbezogene, d.h. menschliche Aspekte dieser Dienstleistungsarbeit eindeutig zu kurz.

Weitaus schwerer wiegt die Fremdbestimmung durch andere Disziplinen und Berufsgruppen mit einer sozialgeschichtlich verankerten Expertenstruktur und damit verbundener gesellschaftlicher Anerkennung. Schreibtischtätigkeiten, die durchaus Entlastungsfunktionen auszuüben vermögen, werden auf diese Art und Weise zur lästigen Pflichtveranstaltung. Dagegen gibt es dann auch kein pädagogisches Rezept mehr. Der größere Schaden dieser Entwicklungen liegt im Auslassen von Chancen, die die berufliche Altenpflegeausbildung der folgenden Generationen beeinflussen sollte.

Unter dem Gesichtspunkt von Professionalisierung sei in diesem Zusammenhang besonders betont, daß fremde Aspekte, die in Bereichen von Industrie oder auch anderen Dienstleistungsbereichen wie der Altenpflege ihre Wirkung keineswegs verfehlt haben, diesen Prozeß nur mit Einschränkung zu fördern vermögen.

Ein erster wichtiger, vielleicht der zentrale Schritt, besteht in der Wahrnehmung der gesamten bzw. größtmöglichen Erreichbarkeit der Perspektiven im jeweiligen Fortbildungs- Implementations- und Evaluierungsfeld.

Modernisierung bedeutet u.a., weitestgehend ideologiefrei und unvoreingenommen Prozesse der beruflichen Individualisierung und damit verbundener Selbstbestimmung lediglich zu begleiten und entsprechende Rollenspiele glaubhaft aufzuführen.

Ein erster praktischer Umsetzungsschritt besteht in der Definition von Pflegekräften als faktische Vertragspartner. Die hierzu gemachten Beobachtungs- und Gesprächsbefunde zeigen eine tendenzielle Akzeptanz zweier Vertragspartner. Das taktische Geschick und die Strategien bei der Aushandlung adäquater Leistungskomplexe und wählbare Pakete ist Ehrensache auf der Seite der Bewohner, jedenfalls dieses Hauses. Es handelt sich z.T. um Bewohner der alten bremischen Kaufmannschaft mit den unterschiedlichsten berufsbiographischen Verläufen.

Die Vertragsseite der Pflegenden ist möglicherweise (noch) nicht so sattelfest. Im Laufe der Zeit und der neu eingespielten pflegerischen Gewohnheiten dürften zwei, sich gegenseitig akzeptierende gleichberechtigte Vertragspartner entstehen und strukturprägend für die Zukunft sein.

Diese milieubezogene, sozialstrukturelle Neuheit, Dienende als professionelle Dienstleister wahrzunehmen, würde in formaler und lebendiger Hinsicht dann als modern bezeichnet werden können.

Über die Möglichkeiten von Vertragsinhalten ist mit dem genannten 4-Stufenmodell lediglich ein weitestgehend vorgegebener Rahmen genannt worden. Mögliche Vertragsverhandlungen setzen allerdings Ziele und Konzepte voraus. Dies soll das Thema des nun folgenden Abschnitts sein.

Eine letzte Bemerkung sei aber noch gestattet. Sie betrifft die übergeordnete Bedeutung von Vertrag in diesem Dienstleistungsbereich. Die Bedeutung eines Vertragsabschlusses definiert bestimmte Verabredungen über Leistungen und Gegenleistungen. Zugleich signifikant ist die immanente Anerkennung von Rollen- und Statuspositionierungen. Letztere erfahren am Beispiel der Altenpflege, aber nicht nur dieser, eine gesellschaftliche Höherbewertung und damit auch im zwischenmenschlichen Bereich gegenüber bisherigen Tätigkeiten in arbeitsinhaltlicher und formaler Hinsicht.

Unabhängig davon, was die konkreten Bestandteile des Vertrages sind, lassen sich die Begriffe Status und Vertrag als Grundkategorien von Theoriebildung, die die Pflegebeziehung als Basis definiert und voraussetzt, um damit personenbezogene Dienstleistungsarbeit und Beziehungen zu verstehen.

Dies kann analog für andere Formen personenbezogener Dienstleistungen gleichermaßen gelten, vollziehen sie zeitlich versetzt vergleichbare Umbruchsituationen von helfenden zu professionellen Dienstleistungsberufen. Zu denken ist hierbei an die Entwicklung einer Angebotsstruktur für Mitglieder und werdende Mitglieder intermediärer Organisationen oder etwa an die Wahrnehmung sozialpädagogischer Familienarbeit u.a.m.

14. Pflegeleitbild und Pflegekonzept

Zeitgleich zur teilnehmenden Beobachtung liefen Maßnahmen konzeptioneller sowie projektförmigen Zuschnitts zu Fragen der Qualitätssicherung und Qualitätsentwicklung. Initiiert wurden diese Maßnahmen vom Träger selbst in Zusammenarbeit mit einem hausinternen Institut, welches u.a. gezielte Fortbildungen anbietet.

Von Zeit zu Zeit wurden Inhalte über neueste Maßnahmen im Wohnbereich in der Regel durch Stationsleitersitzungen, mitgeteilt und durchgearbeitet. Diese Rahmendaten erzeugten einen gewissen Veränderungsdruck auf seiten der Leitungskräfte des Wohnbereichs.

Wie in der Einleitung eingangs angesprochen, versprach sich die Heimleiterin weitere befruchtende Teilnahme, etwa in Gestalt von Biographiearbeit u.a.m. So weit die Kräfte reichten und die Füße trugen, bemühte ich mich, Anstöße für weitergehende Arbeiten zu liefern, beispielsweise die Einrichtung regelmäßiger Treffen für die Pflegeplanung. Tatsächliche Umsetzungen erfolgten aber stets durch die Pflegekräfte, im wesentlichen durch Pflegefachkräfte selbst.

In diesem Zusammenhang fragte mich die Wohnbereichsleiterin eines Morgens, ob ich bezogen auf das Pflegeleitbild bzw. das Pflegekonzept Vorstellungen hätte. Ich berichtete ihr von Vorstellungen in Pflegemodellen, skizzierte in gebotener Kürze Schemen der Überlegungen etwa von Orem, Tierney u.a. Im gleichen Atemzug übte ich auch Kritik an diesen aus dem amerikanischen Sprach-, Gesellschafts- und Gesundheitssystem übernommenen Modellen und Konstrukten idealtypischer Vorstellung von Pflege.

Die Heimleiterin unterstrich später und bestätigte diese Kritik aus der Erfahrung, Konstrukte der -im Entwurf ausführlicher - oben skizzierten Art und Denkweisen für die Pflegestation, geschweige denn für die gerontopsychiatrische Abteilung ernsthaft in Erwägung zu ziehen. Das Modell von D.Orem beispielsweise erschien ihr nicht hinreichend, insbesondere bei der Wiederherstellung von Normalitätsfassaden verwirrter Menschen in den unterschiedlichsten Ausprägungen.

Aus Diskussionen an der Universität und der Lektüre einschlägiger Managementliteratur, die mittlerweile auch im deutschsprachigen Raum zuhanden war (vgl. Kämmer 1995), benannte ich gegenüber der Wohnbereichsleiterin die Position, die am Pflegeprozeß Beteiligten mit auf die Reise zu nehmen, ein adäquates Pflegeleitbild- und konzept in Eigenregie zu entwerfen, d.h. Vorstellungen, Ideale und Prinzipien zur Pflege in der Gruppe zu entwerfen und insgesamt einzubringen.

Es zeigten sich zunächst Irritationen und Widerstände auf Seiten der Pflegenden über diese Vorgehensweise. Von der Heimleiterin erfuhr ich denn Unterstützung und fuhr in dem Vorhaben fort. Möglicherweise gab es auch deswegen Irritationen, weil vermutet wurde, ich würde lediglich versuchen, meine Position, die ich gar nicht habe, über die Köpfe und Herzen der Beteiligten hinweg einzubringen. Über eine längere Zeit hinweg und einiger ad hoc geführter Gespräche entstand der Entwurf (Oer 1997), nachdem die Wohnbereichsleiterin grundsätzliche Gedanken innerhalb der Gruppe der Pflegenden sammelte und zu Papier brachte. Dieses übergab sie mir dann zur weiteren Überarbeitung.

Dieser diffus und schillernd zutagetretende Rollenkonflikt, Pflegehelfer und Berater in einer Person zu verkörpern, ließ meinen Entschluß entstehen und reifen, die Pflegearbeit zu gegebener Zeit aufzugeben und Interesse an einer beratenden Weiterarbeit zu signalisieren. Dieses Signal ist dann auch auf fruchtbaren Boden gefallen.

Die intensive Lektüre des Papieres der Wohnbereichsleiterin bestätigte letztlich die beobachteten Befunde und abgeleiteten Erkenntnisse, der Anforderungen an das Pflegeteam, sowie das Pflegeteam selbst dort abzuholen, wo es stand. Zur Informationsgewinnung wählte ich die Form des narrativen Interviews verbunden mit dem größten Bemühen, eine künstliche Interviewform zu vermeiden. Ähnlich wie im Zusammenhang mit den Pflegeplanungen waren nicht alle Pflegenden und andere Beschäftigte an den Gesprächen beteiligt. Ein vorab entworfener Leitfaden, der insbesondere berufsbiographische Positionierungen und desweiteren das gesamte konzeptionelle Niveau der Pflegenden abbilden sollte, diente als Rahmen für diese Gespräche.

Die Überarbeitung des Papieres der Wohnbereichsleiterin gliederte ich grob in Einleitung, methodisches Vorgehen, Position zur Altenpflege sowie Zusammenfassung Ausblick. Als Aufriß wählte ich für die Einleitung durch Literatur belegte Kritik an der Problementeignung durch andere Professionelle im Rahmen psychosozialer Arbeit. Im Anschluß leitete ich über zur besonderen Problematik der Positionsfindung der Pflege durch vorgegebene Modelle und Konstrukte, um den eigenen Ansatzpunkt der Betroffenen explizit zu nennen. Die Ausführungen zum methodischen Vorgehen knüpften hier an und beschrieben des weiteren kommunikative Handlungen zur Untermauerung der Position der Pflegegruppe. Es ging schließlich nicht um meine Position zur Altenpflege.

Die Beschreibungen der Wohnbereichsleiterin zeigten die Absicht, professionelle Dienstleistungsarbeit nach dem Gesichtspunkt der Individualität des Bewohners oder der Bewohnerin unter Einbeziehung der biographischen Wendepunkte (Zuhause, Pflegebedürftigkeit) neben die Arbeit anderer relevanter Dienstleister zu stellen.

Die Ansicht, durch Mitbestimmung und Weiterbildung einem Prozeß von Hektik und Selbstaufgabe entgegenzuwirken, markiert mithin offensichtlich einen berufsbiographischen Wendepunkt gegenüber früher gemachten Erfahrungen und Wahrnehmungen von Altenpflege.

Im Ausblick habe ich einige Punkte des Papieres der Wohnbereichsleiterin in Frageform gekleidet, weil sie Anregungen zur konzeptionellen Weiterarbeit enthalten.

Die Validierung und die darauffolgende Präzisierung der Positionen zur Altenpflege erfolgt etwa zeitgleich zu dieser Buchveröffentlichung. Eine auf den Vorstellungen zur Pflege fußenden Konzeptualisierung der Pflege für den Wohnbereich steht noch aus bzw. folgt im Anschluß an die o.g. Präzisierung des Pflegeleitbildes.

Die bereits getroffene Festlegung auf die Individualität der Bewohner als Grundgedanken für die Altenpflege und die Pflegegrundlage des Wohnbereichs, verläuft im übrigen analog zu den Positionierungen des eingangs genannten und aufgegriffenen Trägerkonzeptes.

Im Rahmen des Konzeptes zur Pflege wäre dann ein Plan, ein Programm, das pflegerische Angebot zu definieren. Es sind Zielsetzung, Organisation und Arbeitsweise des Pflegebereiches und MitarbeiterInnen festzulegen.

Für diesen Wohnbereich sinnvoll erscheint es sodann, bei der Formulierung von Pflegekonzepten für die einzelnen Gruppen den Begriff "Pflege" arbeitsfeldbezogen zu erweitern und die tagestrukturierenden Angebote der therapeutischen Dienste und des Sozialdienstes, die direkt in der Pflegegruppe geleistet werden, in das Pflegekonzept einzubeziehen. Dadurch wird eine Grundlage beschrieben und geschaffen, mit welchen Mitteln und wie die Pflege für einen bestimmten Personenkreis (hier die BewohnerInnen) durchgeführt werden soll.

Die Erfahrungen aus der teilnehmenden Beobachtung sowie die Zuarbeit im Zusammenhang mit dem Entwurf des Pflegeleitbildes legen eine Fortsetzung der Selbstbestimmung durch das Pflegeteam nahe. Auf diese Weise könnte der Wunsch nach Mitbestimmung und entsprechend die Absage an Selbstaufgabe bereits ein weiteres Mal Wirklichkeit werden.

Es sind eindeutige Rückbezüge zum diagnostizierten informellen Stützsystem denkbar und es würde somit die Individualität der Gruppe widergespiegelt.

Im folgenden Abschnitt möchte ich analog auf die Individualität der Gruppe, die Individuen unter den Aspekten von Zeitmanagement und Zeitsouveränität eingehen. Angelpunkte sind hierbei die mit den Individuen im wesentlichen verbundenen Perspektiven.

Diese Perspektivenübernahme durch Beratung und insgesamt von Wissenschaft wird ausschließlich den Ansatzpunkt für den Abschlußabschnitt "wissenschaftliches Arbeiten" bilden.

15. Zeitsouveränität und Zeitmanagement

Zeitsouveränität

Insbesondere im Abschnitt über Arbeitsinhalte war im Zusammenhang mit Erschöpfungs- und Müdigkeitszuständen von Freizeitaktivitäten die Rede, die, je nach individueller Interessenlage ebenso individuelle Formen von Ausgleichs- und Anregungsstrategien im Nichtarbeitsbereich ihren Platz eingenommen haben.

Die Abschnitte über den Frühdienst, den Spätdienst und den Dienst am Wochenende rückten in den beobachteten und erlebten Befunden die Arbeitszeit selbst in den Mittelpunkt der Betrachtung.

Die ausgearbeiteten Konzepte des Zeitmanagements und der Zeitsouveränität betonen jeweils die trennscharfen Kategorien von Arbeits- und Freizeitbereich. Charakteristisch für beide Seiten ist, daß sie den jeweils alltagsrelevanten Referenzbereich stets mit im Auge haben.

Durch diese Art und Weise der Analyse wird es möglich, die relevanten Arbeitsumfeldkategorien für Aussagen zu gewinnen, die einer jeweiligen konzeptionellen Unternehmensentwicklung zuträglich sind. Es lassen sich, wie zu sehen sein wird, beispielsweise Aussagen für die notwendige Leitbildarbeit ableiten. Als adäquates Stichwort sei an dieser Stelle die Flexibilität genannt. Es wird dann möglich, diese Worthülse mit konkretem Inhalt zu füllen. Dieser wiederum ist außerordentlich bedeutungsvoll für die Ausarbeitung von Pflegekonzepten, die die Individualität der Gruppe, aber auch die Unteilbarkeit der Beschäftigten gezielt anspricht. Dies sind wichtige Beiträge, um eine corporate identity auch tatsächlich auszuarbeiten. Gänzlich ungeeignet erscheinen ideologiebesetzte Verkrustungen und Selbstblockaden, wie etwa das Bewahren althergebrachter Denk- und Lebensweisen.

Ich möchte zunächst wesentliche Grundgedanken des Begriffes von Zeitsouveränität vorausschicken, um sie im Anschluß in den Zusammenhang beobachteter Befunde zu stellen.

Ausgangspunkt der Entstehung des Begriffes sind tradierte Zeitordnungen. Diese werden als starr angesehen, was die Dispositionsfreiheit der einzelnen Person betrifft. Elemente derartiger Zeitstrukturen sind:

Uniformität:

Sie beinhaltet die weitreichende Standardisierung in den verschiedenen Zeitordnungen der erwerbswirtschaftlichen und auch des nichterwerbswirtschaftlichen Bereichs.

Gleichzeitigkeit:

Hierbei werden die betroffenen Personen in einen gleichzeitigen Funktionszusammenhang gestellt, der darin besteht, daß die Erwerbstätigkeit und die erwerbsarbeitsfreie Zeit zur gleichen Zeit verbracht wird. Dies hat mehrere Folgen. Durch diese Anordnung der Zeit von Erwerbstätigkeit und Nichterwerbstätigkeit kommt es zu einer " täglichen, wöchentlichen und jährlichen Lebensrhythmik", d.h. Beschäftigte führen zur gleichen Zeit ihre Arbeit aus, danach streben sie wieder nach Hause, fahren am Wochenende ins Grüne und verbringen in etwa gleichzeitig den Jahresurlaub. Diese gleichzeitigen Tätigkeiten haben zur Konsequenz, daß der Raum zur Realisierung persönlicher Aktivitäten knapp wird. Der Aspekt Raum ist verbunden mit Zeit, die auf eine Tätigkeit verwendet werden soll.

Pünktlichkeit:

Dieser Gesichtspunkt tradierter Zeitstrukturen kann unter zweierlei Aspekten betrachtet werden. Zum einen ist sie zwischen Personen, die durch eine Tätigkeit miteinander verbunden sind, unentbehrlich. Zum anderen ist Pünktlichkeit sicherlich ein Element der Kontrolle und das nicht nur im erwerbswirtschaftlichen Bereich. Als reine Demonstration eines jeweiligen Abhängigkeitsverhältnisses ist Pünktlichkeit gewiß in Frage zu stellen.

Fremdbestimmtheit

Hierunter ist eine Menge von festen Zeitordnungen zu verstehen, auf die der Einzelne keinerlei Einflußmöglichkeit hat. Er gibt sein Einverständnis zu Elementen eines Arbeitsvertrages, die er in keiner Weise mitgestaltet hat. Beispielsweise die Zusage um 7 Uhr in der Früh bis 15 Uhr 45 einer Tätigkeit nachzugehen und dies an Tagen, die ebenfalls festgesetzt sind (montags bis freitags). Darüber hinaus erklärt er sich z.B. mit einem in der Menge festgesetzten Bildungs- und/oder Erholungsurlaub einverstanden, ansonsten akzeptiert er, das gesamte Jahr über einer Erwerbstätigkeit nachzugehen bis zur Ruhestandsphase. Diese aufgezeigten Zwänge als Folgen tradierter Zeitordnungen lassen eine Arbeitspolitik, eine Arbeitszeitgestaltung, die auf individuelle Bedürfnisse der Beschäftigten eingeht und mitgestaltet, wünschenswert erscheinen. Diese individuellen Bedürfnisse sind eng verbunden mit neuen, individuelleren Lebensstilen und -mustern sowie nach nichtstereotyper Lebensplanung. Demtentsprechend sinke die Bereitschaft, sich im Bereich der erwerbswirtschaftlichen Arbeit in Zeitzwänge stecken zu lassen, deren Sinnhaftigkeit immer weniger unbesehen hingenommen würde. Daraus resultiert die Forderung nach Mitbestimmung der Erwerbstätigen über die Dauer und auch die Lage der jeweiligen Erwerbstätigkeit. Hierdurch könne der

Wunsch nach individueller Selbstverwirklichung und Selbstbestimmung auf der betrieblichen Ebene u.a. realisiert werden.

Vor dem Hintergrund dieser potentiellen Wahlmöglichkeiten der Erwerbstätigen können mehrere arbeitszeitpolitische Ziele verfolgt werden. Auf diese Weise kann das Spannungsverhältnis zwischen Erwerbsarbeitszeit und erwerbsarbeitsfreier Zeit, bzw. frei verfügbarer Zeit außerhalb der Erwerbsarbeit abgebaut werden, indem analog zu den Arbeitszeitwünschen des betroffenen Erwerbstätigen frei verfügbare Zeit außerhalb der Erwerbsarbeit nach - so weit wie möglich- individuellen Gesichtspunkten erzielt wird.

Darüber hinaus gibt es für Zeitsouveränität einen Bewegrund aus unternehmerischer Sicht. Somit können Arbeitszeitmodelle, die sowohl die Dimension der Dauer als auch die der Lage erfassen, dazu dienen, erheblichen Schwankungen im Arbeitsanfall im Zeitablauf, die wiederum mit Unterauslastungen und Überlastungen des betrieblichen Arbeitszeitpotentials verbunden sind, zu begegnen. In diesem Zusammenhang besteht die Möglichkeit, durch mehr eigene Entscheidung der Arbeitnehmer/innen (Pflegepersonal, Angehörige) über die Dauer und die Lage der jeweiligen/eigenen individuellen Arbeitszeit und zu Teilen auch über den Rhythmus, gleichsam die aus unternehmerischer Sicht wichtige Absentismusproblematik Lösungen zuzuführen, die der Ursächlichkeit des Problems möglicherweise sehr nahe kommen.

Im Wohnbereich waren und sind unterschiedliche Standardisierungen von Zeitordnungen des erwerbswirtschaftlichen und des nichterwerbswirtschaftlichen Bereichs anzutreffen.

Es gibt Arbeitszeitstandards, die Arbeitszeitmengen einzelner Beschäftigte, aber auch von Beschäftigtengruppen beschreiben. Somit waren und sind Vollzeitbeschäftigte mit einer wöchentlichen festgelegten Stundenzahl von 38,5 Stunden ebenso vertreten, wie davon abweichende Stundenzahlen von 35. Gleichsam sind Teilzeitbeschäftigte mit einer wöchentlich festgelegten Arbeitszeit von 30 bzw. 20 Stunden unter Vertrag. Die diesbezüglichen wöchentlichen Arbeitszeitlagen wechselten mit den erforderlichen Schichtdiensten.

In der Regel gab es einen wöchentlichen Früh- und Spätdienstwechsel, der mit Abweichungen verbunden war und sich gegebenenfalls im Wechsel eines Frühdiensttages zu einem Spätdienst innerhalb einer Woche vollzog. Auch konnte es geschehen, daß vorübergehende Überstunden anfielen, die mit Freizeit ausgeglichen wurden.

Die Realität zeigte, daß entsprechende Absprachen zu ständigen Lösungen personeller Besetzungen führten. Die Möglichkeit, Überstunden massiv, d.h. per Anweisung von Seiten der Leitungskräfte des Wohnbereichs einfordern zu können, wurde nicht wahrgenommen. Dies bedeutete, es bildeten sich feste Strukturen und tägliche sowie wöchentliche Arbeitszeitstandards heraus, die vergleichsweise wenig Abweichungen erfuhren. Diese Standards legten für die Beschäftigten den Umfang von Nichterwerbszeit zugleich fest. Dieses Festlegen setzte sich fort durch die im wesentlichen gemeinsamen täglichen Arbeitsanfänge -und auch beendigungen. Die Zeitspanne am Tag hatte um 6 Uhr 10 ihren Anfang und um 20 Uhr 30 ihr Arbeitsende.

Die Gleichzeitigkeiten der täglichen und wöchentlichen Arbeitszeit und deren Lagen pro Dienst weichten im Laufe der Zeit an der einen oder anderen Stelle auf. Ich hatte im Abschnitt über den Frühdienst bereits angesprochen, daß der tatsächliche Arbeitsbeginn im Frühdienst sich ein wenig, d.h. um etwa eine Viertelstunde von 6 Uhr 40 auf ca. 7 Uhr verschob. Dies war allerdings nicht immer die Regel, sondern anfangs eher noch eine Ausnahmeerscheinung. Die vom Träger auferlegte Diskussion um Lebensstile im Alter, die es für die Dienstleistung Altenpflege zu berücksichtigen gelte, wurde innerhalb des Beschäftigtenteams gelegentlich aufgegriffen. Dabei zeigten widerstehende Vermutungen und Erwartungen für die Zukunft, daß diese sich aus dem gesetzten Rahmen ergeben würden.

Die eine Seite betonte, die Konsequenz bestünde in einem generellen späteren Arbeitsbeginn als dem bisherigen. Als Begründung wurden Erfahrungen im Zusammenhang mit neuen Bewohner/innen, die eher später geweckt werden, bzw. zum Früstück erscheinen wollten, angeführt. Hieraus nährte sich die Überzeugung, die Berücksichtigung der Lebensstile im Alter am Beispiel der individuellen Aufstehzeiten bewirkten zumindest eine Aufweichung der fast zeitgleichen Aufstehzeiten der betreffenden zukünftigen Bewohnerschaft. Diese Erkenntnis hätte sodann unmittelbare Auswirkungen auf den Arbeitsbeginn und insbesondere die Arbeitsdichte zwischen 7 und 8 Uhr.

Die andere Seite der Beschäftigten, die sich dazu äußerte, stellte indes die Vermutung auf, einige BewohnerInnen bevorzugten den sehr frühen Tagesbeginn und aus diesem Grunde sei eine wesentliche Veränderung der Arbeitsanfangszeiten nicht zu erwarten.

Die tägliche und wöchentliche Arbeitszeit und die angesprochenen Arbeitszeitlagen bedurften an den Nahtstellen aufgrund unterschiedlicher Arbeitszeitmengen am Tag der Koordinierung und insbesondere der Informationsweitergabe- und sicherung. Häufig waren zwischenzeitliche Mitteilungen oder gar Kurzberichte vonnöten, um Informationsdefizite auszugleichen. Aber auch hier bewährte sich das informelle Stützsystem der Beschäftigten erneut. Es war somit obsolet geworden, weitere Sitzungen zu institutionalisieren, da das System informeller Kommunikationshandlungen wurde im konkreten Pflegealltag dieses Wohnbereichs eindeutig bevorzugt und auf diese Weise fortgeschrieben wurde.

Die Gleichzeitigkeit pro Dienst erfuhr unter Einbeziehung der Jahresarbeitszeit eine Fortsetzung.

Die urlaubsbedingten Fehlzeiten betrugen pro Person etwa 30 Tage. Diese Vorgabe aus arbeitszeitgesetzlichen sowie tarifpolitischen Vereinbarungen hatte eine annäherungsweise Gleichzeitigkeit der Wahrnehmung des Urlaubs analog zu den Ferienzeiten zur Folge.

Die individuellen Urlaubsabsichten- und vorstellungen erlaubten gleichsam, daraus entstehende größere personelle Lücken in Gestalt von Unterbesetzungen im Sommer in eher engen Grenzen zu halten. Besonders problematisch war in diesem Zusammenhang die Besetzung in der Küche des Wohnbereichs und damit die Wahrnehmung und Realisierung von Kundenorientierung bezogen auf die Einnahme von Mahlzeiten und die Auswahl von Menüs.

Kritische Zeitpunkte waren auch die Feiertage, die mit Regelungen von Freizeitausgleich für die Beschäftigten verbunden waren. Allerdings war die Koordination mit privaten Realitäten, wie beispielsweise kleinen Kindern, Alleinerziehung u.a.m. nicht immer einfach. Die Wohnbereichsleiterin war bemüht, den Einsatz an Feiertagen für alle gleich erträglich zu gestalten, d.h. über das Jahr und auch die Folgejahre gleich zu verteilen. Die wissenschaftlich belegt zu scheinende These eines Bedeutungsverlustes von Feiertagen insgesamt, griff in diesem Wohnbereich nur bedingt. Familienwerte, beispielsweise waren nach wie vor anzutreffen und relevant für fast alle Beschäftigten dieses Wohnbereichs.

Hinzu kam eine selbstdisziplinierende Erkenntnis, den Dienst am Menschen keineswegs zu gefährden und die Kollegen und Kolleginnen nicht ihrem feiertäglichen Frühdienstschicksal überlassen zu wollen und zu können. Diese Erkenntnis kann gar nicht oft genug betont werden, ließe sich im Zeitalter von Narzißmus doch anderes vermuten.

Die Wohnbereichsleiterin räumte zu Jahresbeginn eine Wahlmöglichkeit ein, die darin besteht, eigene, die einzelnen Mitarbeiter betreffende Überlegungen für Urlaube und gegebenenfalls größere Freizeitblöcke einzubringen und kundzutun, damit schließlich der Jahresurlaubsplan erstellt werden könne. Diese Wahlmöglichkeit hatte keinen Run auf das Dienstzimmer zur Konsequenz, sondern in allererster Linie einen fast selbstregulierenden Rahmen, der individuelle Vorstellungen, die z.T. auch Verpflichtungen waren und die Einsicht, die Kollegen an den Brennpunkten insbesondere im Sommer nicht im Regen stehen zu lassen, zum Inhalt hatte.

Es ließ sich somit aus dem konkreten Geschehen vor Ort und der Individualität und Besonderheit dieser Beschäftigtengruppe eine teilweise Aufweichung unnötiger Gleichzeitigkeiten, die den Arbeitsablauf gefährden könnten, ableiten.

Eine weitere Konsequenz bestand darin, daß diese Wahlmöglichkeit der urlaubsbedingten Fehlzeiten, krankheitsbedingte Abwesenheiten zumindest nicht förderte.

Die Wahrnehmung individueller Freizeitlagen -innerhalb eines Korsetts arbeitszeitlicher und tarifpolitischer Vereinbarungen bezogen auf die Jahresarbeitszeit, bedeutete in den Augen der Beschäftigten einen Lebensqualitätsgewinn, in dem persönliche Netzwerkbeziehungen weiterhin und möglicherweise gehaltvoller gepfleget werden können. Daß dieses Ergebnis gesundheitserhaltende oder gar fördernde Wirkungen hat, liegt auf der Hand.

Der Aspekt der Pünktlichkeit als ein weiterer zentraler Gedanke der Zeitsouveränität ließ sich ebenfalls im Laufe der Zeit teilnehmender Beobachtung in seinen Dimensionen ausmachen.

Der Gesichtspunkt der Kontrolle sei in diesem Zusammenhang zuerst genannt. Sie funktionierte einwandfrei. Gelegentliches Zuspätkommen wurde nur bedingt toleriert. Im Vordergrund stand dabei für das Personal, den Arbeitsablauf und die Informationsweitergabe zu gewährleisten. Es waren dies Informationen über die Befindlichkeiten der pflegebedürftigen Bewohner und Bewohnerinnen und auch Informationen, die aus Absprachen über den Frühdienstablauf entstanden waren und der Koordinierung bedurften. Dazu war pünktliches Erscheinen der diensthabenden Beschäftigten vonnöten.

Erfreulich war denn auch die Tatsache, daß auf überzogene Pünklichkeitsalbernheiten, wie sie beispielsweise in anderen Gruppen gesellschaftlichen Lebens Normalität sein sollen, verzichtet wurde. Ich war nie beim Militär, habe lediglich von diesen lebenszeitraubenden Gepflogenheiten gehört.

Es waren eher menschliche Gründe, wie der Austausch von Befindlichkeiten, die das pünktliche Erscheinen sozusagen von selbst regeln ließen. Es soll Leute geben, die sich im ausgehenden 20.Jahrhundert noch mit Dingen beschäftigen, wie beispielsweise Zeiterfassungsinstrumentarien, die die Beschäftigten zur Pünktlichkeit beknien sollen. Das informelle Stützsystem des Personals im Wohnbereich, welches immer auch disziplinierend und kontrollierend wirkte, zeigt, daß es auch anders geht. Erwachsensein, Gemeinsamkeit, Individualität haben in deren Augen mehr Qualität.

Der Grundgedanke der Fremdbestimmtheit von Zeitsouveränität war ebenso relevant für diesen Wohnbereich.

Es zeigten sich so gut wie keine Möglichkeiten des Einzelnen, auf feststehende Zeitordnungen Einfluß ausüben zu können. Die Vorgaben durch den Arbeitsvertrag stellten jede neue Idee vor ein unlösbares Problem. Sanktionsandrohungen, ob nun ausgesprochen oder nicht, standen so oder so im Raume.

Zu Nichteinflußmöglichkeiten gehören in jahres- und lebensarbeitszeitlicher Hinsicht die Vorgaben befristeter Arbeitsverhältnisse. Sie signalisierten z.T. legitime Kontrollabsichten, aber auch Unverständnis, hatten die betroffenen Belegschaftsmitglieder doch durch disziplinierte Arbeitsformen und kompetentes Arbeiten selbst einen unwiderstehlichen Ruf erworben.

Das Unbehagen zeigte sich insbesondere dadurch, daß die eigene existentielle Absicherung und damit verbunden eine Ablehnung allzu riskanter Beschäftigungssituationen ständig fraglich erschien. Eine häufig gestellte Frage lautete, warum solche guten Leute nicht gehalten werden. In der Tat erzeugte diese Situation gelegentliche Abwanderungsgedanken.

Bei aller Individualität und dem Wunsch, in jedem Menschen das Interesse an einem persönlichen Lebensstil sehen zu wollen, bestand durchaus die Absicht, eine "stereotype" Lebensplanung nicht ausschließen zu wollen. Eine Wahlmöglichkeit kann demnach auch darin bestehen, den Beruf des Altenpflegers oder die Tätigkeit als Altenpflegehelfer möglichst viele Jahre ausüben zu wollen.

Die Ergebnisse aus den Gesprächen und Beobachtungen deuten offensichtlich trotz aller individueller Bestrebungen auf einen Gemeinsinn hin. Absprachen unter Kollegen, das Wechseln und Tauschen von Diensten beispielsweise sind Zeugnis eines interaktionistischen Vorgehens im Zusammenhang mit der Frage, private Verabredungen, die unaufschiebbar oder einfach zu liebgewonnen sind, gerade eingedenk dieser Möglichkeit wahrnehmen zu können.

Ein weiterer interaktionistischer Bezug ist in den Abhandlungen über den Frühdienst hergestellt worden. Er betrifft die Interaktion zwischen Pflegekraft und zu pflegender Person. In diesem Kontext wurde deutlich, daß die persönliche Einflußnahme und Möglichkeit im Innenleben von Früh- und Spätdienst durchaus gegeben und außerordentlich unterstützend wirken kann und zwar für beide Seiten der Pflegeinteraktion.

Durch das Einräumen weiterer Wahlmöglichkeiten nicht nur bezogen auf jahresarbeitszeitliche, durchweg fremdbestimmte und festgelegte Vorgaben und Vereinbarungen traditioneller Großakteuere und Interessenvertreter, vermögen sich die Handlungsspielräume, insbesondere im privaten Bereich, zu erweitern.

Die Beobachtung zeigt fernerhin eine weitergehende Betrachtung interaktionistischer Zeitsouveränität innerhalb der Pflegebeziehung selbst. Im Falle eines progredienten Verlaufes werden mehr Verrichtungen im pflegerischen, betreuerischen Kontext notwendig. Diese machen in der Folge neue Arrangements zwischen den Interaktionspartnern notwendig. Dieser Umstand deutet auf ein Mehr an pflegerischer Arbeit pro Person hin, deren Zeiteinheiten neu zu organisieren sein werden. An jeweiligen Aushandlungen auf den Ebenen der Diagnose, der Therapie und des Alltags sollten sich die beteiligten Interakteure entsprechend artikulieren.

Ich möchte abschließend noch den Aspekt des Zeiterlebens ansprechen, der im bisherigen Gebrauch des Begriffes von Zeitsouveränität nur unzureichend zum Tragen kommt. Aus der Perspektive der Pflege, jedenfalls aus den beobachteten und beschriebenen Ergebnissen zum Frühdienst, erscheint das technische Verständnis von Zeit nicht besonders tauglich zu sein. Die Hilfestellung im Zusammenhang mit einem Toilettengang einer pflegebedürftigen Bewohnerin steht in keinem direkten Verhältnis zum arbeitsvertraglichen Arbeitsbeginn und dessen strikter Einhaltung.

Alltagspraktisch, ethische Gründe, Gründe der Würde und die Anforderung, kundenorientiert zu denken und zu handeln, legen ein von der Sache her natürliches Verständnis von Flexibilität zugrunde. Diese ist im Pflegekontext längst verankert. Sie rührt daher und bedarf keiner Entdeckung durch "klassische" Modernisierer, die medien- und zeitgeistgerecht nicht nur alten Wein in neuen Schläuchen anbieten, sondern von außen Einfluß nehmen wollen, vielleicht sogar in guter Absicht. Gleichzeitig nehmen sie Einflußmöglichkeiten der Handelnden unter Umständen weg, die für die Gestaltung des Pflegealltags von außerordentlicher Bedeutung sind.

Es sind alte, z.T. völlig überholungsbedürftige Formen von Fremdbestimmtheit und neuere Bestrebungen von Fremdbestimmung, die zuweilen eher blockieren als daß sie zur Problemlösung beitragen.

Insgesamt lassen sich aus dem Inneren des Wohnbereichs und seiner Beschäftigten heraus genügend Ideen gewinnen, um weitere Wahlmöglichkeiten in vertretbarem Maße einzurichten. Naheliegend wäre eine interne Zeitkultur, die konsequent Belastungen physischer und psychischer Gestalt Schritt für Schritt minimiert und die Handlungsspielräume jeweiliger Interakteure erhalten und erweitern hilft.

Eine derartige Zeitkultur wäre mithin Teil der von den Leitungskräften u.a. angestrebten konzeptionellen Weiterarbeit, die sowohl die Individuen in ihrer jeweiligen Lebenswelt als auch die Individualität der Gruppe und den damit verbundenen Gemeinsinn zusammendenkt und fortentwickelt.

Zeitmanagement

Im Zusammenhang mit der konzeptionellen Arbeit im Wohnbereich, die sich u.a. mit arbeitsinhaltlichen und arbeitsmethodischen Fragen beschäftigt, vermögen in eher technischer Hinsicht bewährte Verfahren des Zeitmanagements unterstützende Hilfe leisten.

Wenn Zeitsouveränität primär den Nichterwerbsbereich eines Beschäftigten im Zusammenhang mit dem entsprechenden Arbeitsbereich thematisiert, dann liegt der Schwerpunkt von Zeitmanagement eher in der Beantwortung der Frage, wie die Arbeit selbst, bezogen auf den einzelnen Mitarbeiter, besser organisiert werden kann. Hierzu zählen insbesondere eigene Stärken- und Schwächenanalysen, die in eigenen Reflexionsphasen durchgeführt werden können. Von außerordentlicher Bedeutung sind die kommunikativen Handlungen im Team. In diesem Zusammenhang von Bedeutung sind:

- eigenes Verhalten, Hindernisse, Befindlichkeiten über die Zeit hinweg...

- eigene Zeit, Arbeitsablauf rekonstruieren, überdenken wofür Zeit ver-wendet wurde

- Prioritäten, eigene Pflegeziele, Stärken, Absprachen, Inszenierungen

- Tagesplanung, Wochenplanung...

- Delegation

- Hilfsmittel

- Kundenorientierung, bewußt involvieren

Zu dem Stichwort des eigenen Verhaltens und der eigenen Hindernisse sind Überlegungen bezogen auf die situative Befindlichkeit, eine Art Selbstreflexion, ohne allerdings, notwendigerweise therapeutischen Neigungen nachzuspüren. In diesem

Kontext ist eine aufrichtige Auseinandersetzung und Selbstkritik über Stärken und Schwächen intendiert. Gemeint ist also keine tagesaktuelle Befindlichkeitsbekundung vor dem Spiegel eines der Bewohner, sondern insgesamt Überlegungen mit der Konsequenz, eigene selbsterkannte Schwächen abzubauen. Dieses persönliche Ziel sollte jedoch nicht unternehmerischen Zielen, wie dem der Optimierung auf allen Unternehmensebenen, gleichgesetzt werden. Im Vordergrund stehen vielmehr Persönlichkeitsmerkmale, die sich im Laufe der Zeit verändern und das eigene Ich, welches in jedem Fall gesellschaftlich präformiert ist und in verstärkten Maße Modifikationen ausgesetzt ist, neue Arrangements in unterschiedlichsten Umbruchsituationen hervorruft und größtenteils abverlangt. Die Situation in der Pflege, sich Managementverhalten - aus welchem Unternehmensberatungshause auch immer - anzueignen, stellt bereits eine derartige Veränderung dar, Umdenken produziert und in jedem Fall Dazulernen bedeutet. Dieses Dazulernen trifft unweigerlich auf eine ganz eigene Lebensgeschichte. Es treten Geschichten und Geschichtchen von Lernsituationen aus Schule, Ausbildung und Studium auf, die mit Bewertungen, spezifischen Erfahrungen assoziiert sind. Es hängt ganz entscheidend davon ab, inwieweit sich die einzelne Person auf diese Reflexionsebene einläßt.

Die einzelne Lerngeschichte erhält durch eine berufliche, individuelle und persönliche Umbruchsituation aber ein neues Kapitel. Es geht nicht darum, alten Wein in neuen Schläuchen darzubieten, sondern Handlungsentwürfe für sich neu zu schaffen. Die alltagskreative Neupositionierung vollzieht sich allerdings nicht auf einer einsamen Insel, sondern beinhaltet die große Chance, durch offene Kollegen und Kolleginnen gestützt zu werden. Neue Handlungsentwürfe umzusetzen bedeutet ehedem, von außen bewertet zu werden. Die Tatsache, daß ein Mann in den Vierzigern beispielsweise das "richtige", akzeptierbare Bettenmachen nicht verinnerlicht, mag vom anderen Geschlecht belächelt werden. Entscheidend sind hierbei die Umgehensweisen der mittelbar und unmittelbar Beteiligten. Jemand, der sich nicht damit abfinden kann, daß Frauen schließlich die Betten machen, würde das Thema des Delegierens von Arbeit

mißverstehen. Zu der Frage des Delegierens überhaupt komme ich noch an anderer Stelle zu
sprechen. Von großer Bedeutung wäre in diesem Zusammenhang eine gemeinsame Lerneinheit. Neben dem Effekt, daß das Bettenmachen einen annäherungsweisen Standard mit tolerierten Abweichungen erreicht, werden übernommene Rollendispositionen neu interpretiert, auch wenn keine tiefschürfende Diskussion darüber ausbricht.

Auf diese Fragen und Probleme müßte in einem Zeitmanagementseminar inhaltlich und konzeptionell geantwortet werden. Rückbezüge zur Biographie und der dazugehörigen Arbeit des Personals liegen nicht nur auf der Hand.

Die praktischen Anforderungen eines Pflegealltags sind vielfach begleitet von erlernten, erlebten und auch erlittenen Rollenmustern, für die im Alltag pflegerischer Tätigkeiten nicht mehr der geeignete Platz bzw. die ausreichende Zeit und auch die Bereitschaft ist. Sie stellen allerdings bearbeitbare Hindernisse dar.
Hindernisse können im Zusammenhang mit Zeit, mit Zeiterleben entstehen und bestehen. Ich möchte mich keineswegs darauf beschränken, ein umfassendes Plädoyer und Geständnis zum strukturierten Arbeiten abzugeben. Aus den beobachteten Befunden, den Thematisierungen der Kollegen und Kolleginnen, über Zeitwahrnehmung, Zeiteinteilung, das Denken in Minutentakten für einzelne Bewohner/innen u.a.m., zeigen sich interne Lösungsansätze, die wiederum ein umfängliches Terrain bieten, voneinander zu lernen, sich gegenseitig Erfahrungen mitzuteilen. Die Vorgespräche in der Pause des Spätdienstes beispielsweise signalisierten individuelle Gehwege. Jeder und jede hatte diesbezüglich eigene Erfahrungen gemacht, die sich entweder bewährt hatten oder aber gescheitert waren. In solchen Situationen wurden gegenseitig brauchbare Tips gegeben. Desweiteren wurden wiederum neue Erfahrungen gemacht und zeigten mithin Weiterentwicklungen. Auf der einen Seite waren Motive zur besseren eigenen Koordinierung zu leistender

Arbeiten und die Einbeziehung der beschriebenen individuell-unterschiedlichen Zu-Bett-Geh-Stile der Bewohner und Bewohnerinnen hierfür die Grundlage.

Auf der anderen Seite sind unterschiedliche Wahrnehmungen des Personals gegenüber , d.h. die **individuelle** Art und Weise, Zeit zu erleben festzustellen, bzw. für den konkreten Pflegealltag von außerordentlicher Bedeutung. Nicht nur, daß in einem vorgegebenen Zeitrahmen, ein einzelner Spätdienstabschnitt ehedem neu entworfen und gestaltet werden muß. Beispielsweise wurde es ebenso individuell unterschiedlich empfunden, 6-8 Minuten zu haben. Dieser Befund ist nicht zwingend ein besonderes Merkmal einer Dienstleistungsarbeit wie die der Altenpflege. Allerdings ist es signifikant und birgt die außerordentlich entspannende und beruhigende Erkenntnis in sich. Hierzu zählen etwa das Tolerieren von Langsamkeiten und Irritationen, die durch aktive und dynamische Aktivitäten entstehen.

In eher formaler Hinsicht mögen Tages- oder gar Wochenpläne von großem Nutzen sein. Sie vermögen im Zusammenhang der Umsetzung vereinbarter Leistungen stets neu zu gestalten, wertvolle unterstützende Hilfe zu geben und dabei die mit Verlaub eigenen Befindlichkeiten zu berücksichtigen.

Von größerer Bedeutung mögen allerdings zukünftig das Setzen von Prioritäten sein. Sie können in dem Entwurf zeitlicher Abfolgen, aber auch in der Formulierung pflegerischer Ziele bestehen. Die Ausführungen zu den Frühdiensten zeigten einige Beispiele für zeitliche Anordnungen.

Die Gesprächs- und Beobachtungsbefunde zu Arbeitsinhalten und Leitbildentwurf vermochten Aussagen abzuleiten und weiter zu entwickeln, was in der Altenpflege insgesamt und konkret für den Wohnbereich Priorität haben müßte. Wäre dies Bestandteil eines abschließenden Standpunktes der Beschäftigten im Wohnbereich, könnten eingedenk der Führungsauffassung der bisherigen Leitungskräfte, Prioritäten pflegerischer Art flexibel über den Tag, die Woche usw. nicht nur gesetzt, sondern umgesetzt werden.

Auf der Bewohnerseite erhielte das Element von Aushandlungen und damit verbundener kommunikativer Handlungen eine wesentliche unterstützende Funktion. Diese Prioritätensetzung ist dann von allen geteilt, sie teilt das Individuum aber eben nicht über dessen Kopf hinweg.

Um Prioritäten umzusetzen, was tendenziell statushöhere Beschäftigte betreffen dürfte, sind Formen von Delegation unterstützend und hilfreich. Behandlungspflegerische Anteile und Anforderungen können demnach lediglich an Kollegen gleicher Qualifikation möglich sein, auf keinen Fall wären dies Aufgaben für statusuntere Beschäftigte. Neben der naheliegenden Produktion von Pflegefehlern stünde ein Status- und insbesondere Anerkennungsverlust der Statushöheren gegenüber Pflegehelfern oder hauswirtschaftlichen Kräfte Pate. In der Folge entstünden Schwierigkeiten in Gestalt legitimer und notwendiger Kompetenzabgrenzungen zwischen den genannten Statusgruppen.

Status- und damit Qualifikationsgleichheit ist mithin ein entscheidendes Kriterium für eine Delegation von Aufgaben.

Ein weiteres elementares Kriterium besteht in der fast schon als klassisch zu bezeichnenden Aufteilung und Trennbarkeit von ABC-Aufgaben. A-Aufgaben sind demnach auf keinen Fall delegierbar, B-Aufgaben nur bedingt und bedürfen der Kontrolle. C-Aufgaben sind uneingeschränkt abgebbar, wie beispielsweise fast der gesamte Bereich reproduktiver Tätigkeiten.

Auf der Ebene der Statusniedrigeren ergeben sich unter Umständen Anreicherungen gegenüber bisheriger Tätigkeiten. An dieser Stelle käme gegebenenfalls wiederum das

Kriterium der Status- und Qualifikationsgleichheit zum Tragen, vorausgesetzt die Qualifikationen der Statusmitglieder sind auch in der Praxis gleichermaßen gegeben.

Die Frage der Hilfsmittel kann gar nicht hoch genug eingeschätzt werden. Die Diskussion darüber ist in der konkreten Pflegearbeit und seinen alltäglichen Bezügen allgegenwärtig. Es wird denn häufig abgewogen über die Brauchbarkeit von Pflegebetten, Rollstühlen, Inkontinenzmaterialien, PC-Programmen, Faxgeräten, Piepern oder Handys, Dokumentationsordnern oder-blättern, Ablagesystemen, Anwesenheitstafeln, transparenten aktualisierten Tagesdienstplänen, Bettwäsche, Topfstühlen, Geschirr, Tischdecken, Tagesdecken u.v.a.m.

Entscheidend ist hierbei stets die Frage, ob sie aus der Sicht der Pflege oder der Hauswirtschaft wirkliche Hilfe leisten. Ein Taxiunternehmen, das weitaus unkomplizierter als andere Anbieter Fahrten offeriert und diese durchführt, ist in praktischer wie übergeordneter Hinsicht ein adäquater Dienstleister und Partner. Damit ist zugleich die Frage der Wahrnehmung von Dienstlern untereinander angeschnitten.

Die im Pflegeleitbildentwurf gewünschte und erwartete Haltung innerhalb von Interaktionspaaren und einzelnen Interakteuren gegenüber, kommt an dieser Stelle zum Ausdruck und zur Anwendung. Allen gemeinsam ist der Angelpunkt der Kundenorientierung. Das Element des Vertrages und dessen Inhalte bewirken gleichberechtigte Vertragspartner und damit verbundene Wahrnehmungen und Deutungen von Statusgleichheit.

Für die ständische Berufsgruppe der Ärzte sollte das marktwirtschaftliche Kriterium des Vertrages und die Kundenorientierung verstärkt Realität werden. Gelegentliche Fortschritte lassen sich durchaus erkennen und nehmen in vermehrten Kundenbesuchen Gestalt an.

Ein Zeitmanagement aus der Perspektive der Pflege hat denn auch nicht ausschließlich den einzelnen Beschäftigten zum Gegenstand, sondern denkt unterschiedlichste Perspektiven der Beteiligten zusammen.

In diesem Zusammenhang ist die Ebene der pflegebedürftigen Bewohnerschaft ebenso angesprochen wie die einzelner Beschäftigtengruppen sowie einzelner Akteure.

Das informelle Stützsystem in allen seinen Facetten ist Zeugnis und Beleg für einen größtmöglichen und- wirklichen Perspektivenreichtum des Personals. Hinzu kommt die kommunikative Handlungsfähigkeit der Bewohner in der Gruppe und als Individuum.

Das Zusammendenken dieser Gesichtspunkte und Interessenlagen kann als Ziel eines wirkungsvollen Zeitmanagements formuliert werden. Der allgegenwärtige Handlungsdruck provoziert geradezu das Sich-Beschäftigen mit dem eigenen Verhalten, Hindernissen, Zeitdieben, des Delegierens und der Kontrolle, Dienstplänen u.a.m.

Ein Seminar zum Thema Zeitmanagement in der Pflege im Rahmen einer Fortbildung müßte konzeptionell und deswegen zielgerichtet an diesen Erfahrungen des Personals und anderer Akteure ansetzen, die Situation vor Ort gut kennen, gleichzeitig Distanz wahren, um keine Voreingenommenheiten zu produzieren oder zu verstetigen.

Aus diesem Grunde ist eine Perspektivenübernahme dringend geboten, um die TeilnehmerInnen überhaupt ansprechen zu können, d.h. sprachlich zu erreichen.

Ein wesentliches Moderationsinstrument ist die Kontrastierung unterschiedlicher Lösungsansätze. Dazu gehören positive wie negative Erfahrungen. Es können Kontrastierungen innerhalb einer Gruppe gegeben sein, denkbar und sinnvoll sind aber auch mehrere Lösungsmöglichkeiten von außen hineinzutragen. Gemeint ist hiermit aber nicht, eine Art Diktion zu beabsichtigen, sondern das Ziel zu verfolgen, positive Erfahrungen anderer Beschäftigte anderer Häuser zu schildern, vorzuspielen, zu illustrieren.

Eine positive Wirkung hat sicherlich die Einladung eines Koreferenten oder einer Koreferentin.

Unterlassen werden sollten Suggestionsabsichten jedweder Art und Herangehensweisen, die aus einem Pool von am Schreibtisch ausgedachter Verbesserungen entstehen mit der Pikanterie, gütigerweise ein Bonbon auswählen zu dürfen. Die Validierung und die damit verbundene Expertensicht in eigener Sache sind unerläßlich. Die hiermit angesprochenen Erfahrungshorizonte der Beschäftigten stehen den o.beschriebenen Ansätzen häufig genug diametral entgegen, indem diese althergebrachte und realitätsferne Strukturen fortschreiben.

16. Wissenschaftliches Arbeiten

Die durch das Verfahren der teilnehmenden Beobachtung erhobenen Gesprächs- und Beobachtungsbefunde zeigten einen für die Herstellung und Ausgestaltung eines Dienstleistungsalltag "Altenpflege" bedeutsamen Perspektivenreichtum.

Die Perspektiven der täglichen Pflegeinteraktionen, die im Aufstehverhalten, dem Duschen, individuellen Vorlieben des Bettenmachens, in Sympathien und Antipathien, in der neuen Rolle der Pflegebedürftigkeit mit all den biographischen Grundlegungen und Gegebenheiten, die im biographischen Wendepunkt "Pflege" reinterpretiert und situationsspezifisch angepaßt werden und schließlich durch die Wahrnehmung der Ressourcen zum Tragen kommen.

Weitere alltagsrelevante Perspektiven sind in den Denkweisen der einzelnen Belegschaftsmitglieder zu finden. In diesem Zusammenhang konnte ein informelles Stützsystem aufgezeigt werden und den dazugehörigen Positionierungen zur Pflege.

Aus der Perspektive von wissenschaftlicher Beratung bzw. Thesen gegenstandsbezogener Theoriebildung, Hypothesengenerierung und - überprüfung ergibt sich zwangsläufig die Notwendigkeit, die Perspektiven im Feld zu übernehmen. Hierzu gehören der Erwerb des Mitgliedwissens, also das Alltagswissen des Forschungsgegenstandes "Altenpflege".

Von außerordentlicher Bedeutung ist das Vermögen des Sich-Einfühlen-Könnens in das Praxisfeld Pflege und dessen spezifischer Probleme und Phänomene. Die hiermit verbundene Wissens- und Gefühlswelt ist für einen Forscher oder ein Forscherteam unentbehrlich zu lernen, soweit dies möglich ist. Es zeigt Interesse und weckt Vertrauen, was aus forschungsstrategischen Gesichtspunkten eine sehr wichtige Voraussetzung darstellt. Die vorab überlegte Rolle ist glaubhaft zu formulieren und zu spielen. Sehr hilfreich sind persönliches Vorstellen, also auf die Personen im Feld zugehen. Die bei meinem ehemaligen Arbeitgeber monatlich erscheinende Hauszeitschrift und das Angebot der Heimleiterin an mich, ich solle mich darin vorstellen, war ein zusätzliches und probates Mittel, um das angestrebte Vertrauen zu erwerben.

Die Gespräche und Beobachtungen während der teilnehmenden Beobachtung als ein Mitglied ließ die Möglichkeit entstehen, Wahrnehmungen der Kollegen und Kolleginnen aufzuspüren, Kontraste wahrzunehmen und gemachte Aussagen über einen längeren Zeitraum an der Realität zu spiegeln.

Auf diese Art und Weise ergab sich eine Längsschnittbetrachtung, die die Gültigkeit von Aussagen zu erheben vermag und interpersonell nachvollziehbar und glaubhaft macht.

Ein weiterer zentraler Gesichtspunkt der Perspektivenübernahme im Feld bezogen auf die Konzeption beratender Tätigkeit dient der Absicht, die Individualität der Gruppe, des Teams aufzuspüren und in diesem Zusammenhang die Mitarbeiter vor Ort mit ihren Erfahrungen als Experte und Expertin in eigener Sache zu würdigen.

Von dieser strategischen Position im Forschungsfeld aus kann es gelingen, Interaktionsprozesse in der jeweils relevanten Gruppe, zwischen pflegebedürftigen Bewohnern und der Pflegekraft, den betreffenden pflegebedürftigen und nichtpflegebedürftigen Bewohnern untereinander sowie innerhalb des Pflegepersonals in den Vordergrund zu stellen.

Die beschriebenen Interaktionsthemen, wie beispielsweise die Biographiearbeit, der Führungsstil, der Krankenstand, die Emotionsarbeit, der übergeordnete Handlungs- und Interaktionsrahmen der Beschäftigten in Gestalt des Pflegeleitbildentwurfs und darauf aufbauende konzeptionelle Weiterarbeit, verweisen auf die Problemlösungskapazitäten der Personen in eigener Sache.

Die Übernahme des größtmöglichen Perspektivenreichtums ist somit der strategische Angelpunkt für die Konzeption einer sozialwissenschaftlichen Beratung. Die Verfahren der Kontrastierung von Fällen, Erzähl- und oder Beobachtungssegmenten, deren handlungsbezogenen Verläufe und damit verbundenen schrittweisen Verfeinerung (iteratives Prinzip) des vorgefaßten Erkenntnisinteresses vermögen wirklich brauchbare Infomationen für Entscheidungsfindungsprozesse sowohl im Leitungswesen als auch im Basisgeschehen zu erzeugen und den Beschäftigten vor Ort an die Hand zu geben.

Perspektivenübernahme des Subjekts wie der Gruppe insgesamt steht damit für die Hinwendung zu unterschiedlichen Beweggründen und Ausprägungen von Selbstbestimmung und damit von interaktiver Partizipation. Das Sich-Einbringen, sich Artikulieren wird von Seiten der Interaktionspartner immer auch interpretiert. Wenn ego eine Idee komplett entwirft, besteht der zweite Schritt darin zu fragen, ob diese Idee von Dritten gutgeheißen wird oder nicht. Geschieht dies, ist eine wesentliche Voraussetzung für innovatives Handeln gegeben, was positive Auswirkungen auf die Persönlichkeitsmerkmale der betreffenden Person haben dürfte.

Übliche Gütekriterien qualitativer und letzten Endes auch quantitativer Vorgehensweisen bewahren davor, Innovationen nicht durch Fachfremde, auch nicht durch fachfremde Organisationsberater auslösen zu lassen und somit im Umkehrschluß sozialethische Kriterien eines Sozialmanagements explizit zu unterstützen.

Je nach dem Zweck der wissenschaftlichen Intervention entscheidet sich, die Reichweite der Basisbefunde in den Perspektiven der Beschäftigten zu suchen. Sie mag in der konzeptionellen Weiterarbeit bestehen und zwar für den jeweiligen Träger mit dem Formulieren pflegerischer Ziele und anschließenden, begleitenden Evaluationsvarianten.

Ein weiterer Zweck mag in der gegenstandsbezogenen Theoriebildung (grounded theory) liegen, die wiederum auf das Denken und Mitwirken aller Beteiligten angewiesen ist.

Die Erkenntnisabsicht könnte auch darin bestehen, in Ermangelung geeignet erscheinender Hypothesen einer neuen Dienstleistungsdisziplin, wie die Pflegewissenschaften in der Bundesrepublik Deutschland, einen phänomenologischen Unterbau zu verleihen. In diesem Falle stünde die Hypothesengenerierung und gegebenenfalls deren empirische Überprüfung im Mittelpunkt des Forschungsgeschehens. Hierzu werde ich an anderer Stelle Position beziehen.

Zusammenfassung

Wesentliche Befunde der Beobachtung sowie der Gespräche sind zum einen das allgegenwärtige **informelle Stützsystem** des Personals und zum zweiten der **Perspektivenreichtum** sowohl auf der Seite der gesamten Bewohnerschaft als auch auf Seiten der Beschäftigten im pflegerischen wie im hauswirtschaftlichen Bereich.

Das informelle Stützsystem dient dem Zweck des Befindlichkeitsmanagements der in der Pflege und Hauswirtschaft Beschäftigten und ist insbesondere durch kommunikative Handlungen gekennzeichnet.

Diese waren ebenso Bestandteil, sogar Wesensmerkmal der Interaktionen innerhalb der pflegebedürftigen wie der nichtpflegebedürftigen Bewohnerschaft.

Weitere Wesensmerkmale des Stützsystems wiederum sind arbeitstechnische wie auch arbeitsinhaltliche Ausprägungen, wie an den Beispielen des Zeitmanagements, der Zeitsouveränität sowie insbesondere an der Positionierung zu eigenen pflegerischen Zielen und Intentionen aufgezeigt wurde.

Auf der konkreten Handlungsebene, d.h. grund- und behandlungspflegerischer Art, der Mobilisation und Kommunikationseinheiten mit der pflegebedürftigen Bewohnerschaft, und in übergeordneter Hinsicht das Erstellen und Entwickeln eines geeigneten Pflegeleitbilds mit der Maßgabe einer geforderten konzeptionellen Weiterarbeit, waren zu der o.genannten Positionierung bedeutsame Angelpunkte. Diese Handlungen wiederum untermauerten und perpetuierten das bis dahin eh bewährte Stützsystem.

Die Aufwertung der pflegerischen Arbeit durch Anreicherung und Übertragen von Verantwortlichkeiten erzeugten Irritationen und z.T. Widerstände, handelt es sich doch schließlich um das Durchbrechen von Gewohnheiten. Gewohnheiten, die berufsbiographisch kaum etwas anderes transportierten als Dienen und Helfen.

Die selbstdefinierte Zielsetzung und Maxime der Gesundheitserhaltung der pflegebedürftigen Bewohner und Bewohnerinnen scheint zwar in bürokratischen Zunahmen und Hemmnissen zu ertrinken, zeigt allerdings das berufsbezogen gestiegene Anspruchsdenken der Pflegekräfte. Das hauswirtschaftliche Personal mit seinen eigenen langjährigen (Pflege-) erfahrungen haben diese Positionierung jeder Zeit unterstützt bzw. den Kopf wegen alter Zeiten mehrfach geschüttelt.

Auf diese Weise pointiertere Arbeitsinhalte des Wohnbereichs durch die Beschäftigten selbst, läßt sich in konkreten Handlungen institutionalisieren. Beispielsweise im Bereich von Pflegeplanung und der damit verbundenen Möglichkeit und Notwendigkeit, pflegerische Ziele zu formulieren.

Die durch den Pflegevertrag vereinbarten Leistungen bedeuten eine für die Pflegekräfte Erhöhung der bisherigen Statusposition. Als faktischer Vertragspartner sind den jeweils diensthabenden Pflegekräften und auch dem hauswirtschaftlichen Personal Gestaltungsmöglichkeiten an die Hand gegeben (Lebensstile), die sich allerdings in einem eng definierten Rahmen bewegen.

Die neue Rolle der Pflegekräfte sowie des hauswirtschaftlichen Personals als professionelle Dienstleister, für die menschliche Wesenszüge keineswegs fremd sind, ist aus der Perspektive von Beratung oder Wissenschaft zusätzlich von außerordentlicher Bedeutung. Disziplinen wie die Soziologie, die Gerontologie, die

Ökonomie oder die Rechtswissenschaften haben ihre althergebrachte Rolle dementsprechend grundsätzlich neu zu überdenken.

Die anfangs vermutete und gefundene Alltagskreativität in ihren Entwürfen und tatsächlichen Handlungen auf beiden Seiten der Pflegeinteraktionen vermag nicht nur den ausgeprägten Perspektivenreichtum der Beteiligten darzustellen, sondern auch deren Problemlösungskapazitäten aufzuzeigen.

In ihrer Rolle als Experte und Expertin in eigener Sache ist aber zwingende Voraussetzung, daß Pflegekräfte und hauswirtschaftliches Personal auf der einen Seite, sowie die pflegebedürftige und nichtpflegebedürftige Bewohnerschaft auf der anderen Seite, aus ihrer gewöhnlich unreflektierten Existentiallage herauszutreten vermögen. Eine Leitungskraft dieses Wohnbereichs äußerte genau in diesem Zusammenhang, daß Pflegekräfte sich endlich äußern müßten. Das informelle Stützsystem mit seinen kommunikativen und emotionalen Ausprägungen bildet dafür eine wichtige Grundlage.

Die Perspektive von Beratung und Wissenschaft sollte somit die Perspektive des Subjekts als Ausgangspunkt wählen und vor allem würdigen. Alles andere würde bedeuten, alten Wein in neue Schläuche zu gießen!

Literaturverzeichnis

Arsenault, A. et al., 1991: Stress and mental strain in hospital work: exploring the relationship beyond personality, in: Journal of occupational behaviour, Vol. 12, No.6, S.483-493

Beerlage, I./Kleiber, D., 1990: Stress und Burnout in der Aids-Arbeit, Berlin

Büssing, A./ Perrar, K.M., 1991: Burnout und Streß: Untersuchungen zur Validität von Burnout und Streß in der Krankenpflege in Abhängigkeit von Geschlecht und beruflicher Position, in: Landau, K. (Hrsg.): Arbeitsbedingungen im Krankenhaus und Heim: Bericht über ein Symposium, München, S.42-87

Flam, H., 1990: Emotional Man, in: International Sociology 5, S.225-234

Gerhards, J., 1988: Soziologie der Emotionen, Weinheim und München

Glaser, B./Strauss, A. (1967)**:** The Discovery of Grounded Theory: Strategies for Qualitative Research, Chicago

Kämmer, K. (Hrsg.) 1995: Pflegemanagement in Altenheimen, Hannover

Kleber, R.A., 1992: Ohnmacht als Erfahrung zur Selbstveränderung: Anregungen zur Therapie von Sexualstraftätern, in: Verhaltenstherapie und psychosoziale Praxis, Jg. 24, H.3, S.297-303

Leimkühler, A.M., 1992: Agoraphobie als Produkt weiblicher Sozialisation?, in: Müller, U.(Hrsg.): Angst und Angsterkrankungen, Medizinische und soziale Aspekte, Regensburg:, S.121-139

Oer, S. 1997: Entwurf eines Pflegeleitbilds, Manuskript

Osborn, C. et al. 1997: Erinnern: eine Anleitung zur Biographiearbeit mit alten Menschen, Freiburg i.Breisgau

Wiese, M. 1995: Zum Prozeß der Akademisierung der Pflege in der BRD, in: Stach, M. et al.:Zur Professionalisierung der Pflege, Alsbach/Bergstraße, S.143-165.

www.ingramcontent.com/pod-product-compliance
Lightning Source LLC
Chambersburg PA
CBHW022319280326
41932CB00010B/1152
9783828880320